MILLIONEN NADELSTICHE
FÜR MEINEN VEREIN

Für meinen Freund Falk,
ohne den dieses Buch niemals
erschienen wäre.

Torge Kern

MILLIONEN NADELSTICHE FÜR MEINEN VEREIN

DAS BAYERN MÜNCHEN TATTOO BUCH

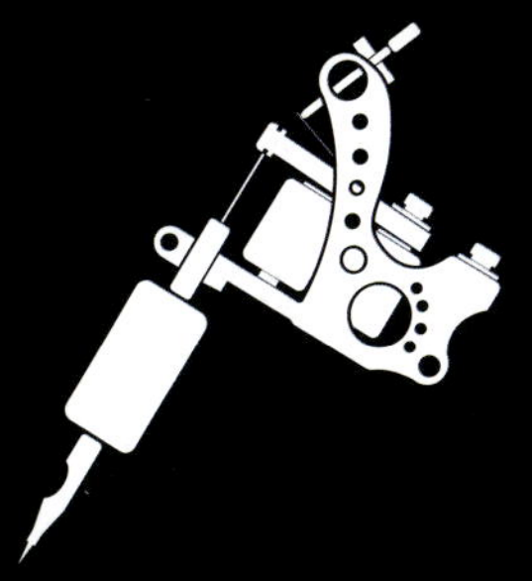

SCHWARZKOPF & SCHWARZKOPF

INHALT

ANPFIFF

VORWORT

»ABER EINS, ABER EINS,
DAS BLEIBT BESTEH'N,
DER FC BAYERN WIRD
NIE UNTERGEH'N.«

Sich am Wochenende einen Schal umzuhängen oder ein Trikot überzustreifen – kann jeder! Neben Wappen auf der Mütze oder einer gepflegten Bemalung der Wangen oder besser gleich der gesamten Gesichtspartie gibt es zahllose Möglichkeiten, sich optisch zu seinem bevorzugten Fußballverein zu bekennen. Eine Mitteilung dieser Art funktioniert meistens ohne großen Zeitaufwand, ist in der Regel unkompliziert und kann bei Bedarf – für manche Zeitgenossen spätestens nach 90 Minuten – auch schnell wieder abgestreift beziehungsweise entfernt werden.

Mit einer Fußball-Tätowierung verhält es sich natürlich anders. Wahrscheinlich gibt es keine persönlichere Botschaft, als die lebenslange Liebeserklärung an oder den ewigen Treueschwur auf seinen Verein direkt unter der Haut auf dem eigenen Körper zu tragen. Mag sein, dass Tattoos heutzutage für viele eher eine Modeerscheinung darstellen. Doch auch dann drücken sie die Individualität des Trägers aus und sind immer ein Teil einer Lebensgeschichte. Allgemein auf Kunstwerke dieser Art bezogen, sprach Tattoo-Fotograf Ralf Mitsch vor einigen Jahren in einem Interview mit kurier.at von einem ihn faszinierenden »Mut, sich so permanent zu dekorieren.«[1]

Für Ernst Günter Götz, genannt Günter, Betreiber der womöglich ältesten Tätowierstube Deutschlands auf dem Hamburger Kiez, drückt ein Körperbild auch immer die Angliederung an eine Gruppe aus: »Früher hatten Tätowierungen etwas mit Stammeszugehörigkeit zu tun. Sie haben den Menschen Ansehen verliehen, das ist ja heute in Polynesien immer noch so.«[2]

Es ist relativ unwahrscheinlich, dass ein Fan die Liebe zu seinem Fußballverein aufgibt. Und trotzdem – oder vor allem deshalb – muss ein Tattoo-Motiv auch nach vielen Jahren noch gefallen. Und es sollte im Idealfall im vorgerückten Alter noch gut aussehen: »Die Haut lebt und verändert sich und mit ihr das Bild. Je kleiner die Tätowierung ausfällt, desto schneller wird sie hässlich«[2], weiß Günter aus seiner jahrzehntelangen Erfahrung.

Wie sich die treuesten Fans des FC Bayern München schmücken und verzieren, wollen wir euch in diesem besonderen Buch präsentieren. Mehr als sieben Monate lang haben wir Motive von deutschen FCB-Anhängern gesammelt, gesichtet und sortiert, einige Einsendungen kamen auch aus dem Ausland: detailgetreue Darstellungen und fantasievolle Variationen des Vereinswappens aus verschiedenen Epochen, Fanclub-Logos, Konterfeie beliebter Spieler sowie verschiedene Sprüche, Mottos und Gesänge. Hinzukommen teilweise sehr aufwendige Tattoos, die sich mit der Stadt München, ihren Brauereien und dem Bundesland Bayern auseinandersetzen.

Herausgekommen ist ein faszinierendes Kaleidoskop, das als Querschnitt durch die facettenreiche Fanszene des mit Abstand erfolgreichsten Fußballclubs Deutschlands zu verstehen ist und in beeindruckender Weise darlegt, was den jeweiligen Träger hinsichtlich Liebe und Treue zu seinem Verein bewegt. Den Machern war es dabei sehr wichtig, die Tattoos nicht in einer möglicherweise abgehobenen künstlerischen Form abzulichten, um den nicht-professionellen Charakter dieser liebevollen Zusammenstellung zu unterstreichen. Dies ist kein vereinsoffizielles Merchandising-Produkt, sondern ein Bildband von Fans für Fans. Deshalb haben wir Wert darauf gelegt, dass die Motive eben nicht professionell, sondern in Eigenregie selbst beziehungsweise von Laien fotografiert wurden. Echte Anhänger zeigen in vollkommen authentischer Weise ihre Körperbilder, ganz ohne Hochglanz.

Das Kapitel »Anfänge« dokumentiert Tätowierungen, die bereits ein wenig in die Jahre gekommen sind und ihren ganz eigenen Reiz entfalten. Den vielen weiblichen Fans des FC Bayern ist mit »Mädels« auf Initiative vieler Protagonistinnen ein eigener Abschnitt gewidmet. Alle weiteren Fotos sind nach Körperregionen zusammengefasst. Wer selbst mit dem Gedanken spielt, sich vielleicht ein Fußball-Tattoo stechen zu lassen, findet sicherlich eine ganze Menge Ideen und tolle Anregungen.

Der eine oder andere Leser wird sich eventuell über den Buchtitel gewundert haben. Geht man da-

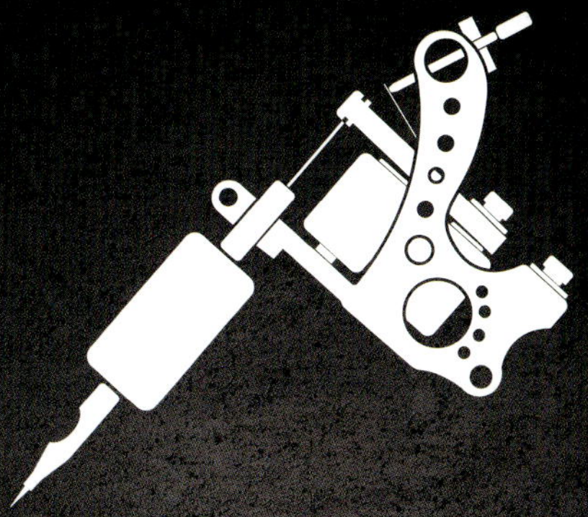

von aus, dass eine Tätowiernadel mit 120 Stichen pro Sekunde die Tinte unter die Haut treibt, und berücksichtigt man, wie lange das Stechen eines guten Tattoos dauert, kommen angesichts der zahlreichen Fans, die ihren Beitrag zu diesem Buch geleistet haben, schnell viele Millionen Nadelstiche für den FC Bayern München zusammen.

Viel Spaß bei Lesen, Stöbern und Staunen. Und niemals vergessen: Gute Freunde kann niemand trennen. Immer vorwärts, FCB!

Torge Kern

(1) https://kurier.at/kultur/faszination-tattoo-ein-gemaelde-auf-dem-es-viel- zu-entdecken-gibt/7.636.342
(2) http://www.dw.com/de/120-stiche-pro-sekunde/a-5761317

01

ANFÄNGE

FC BAYERN
FOR EVER

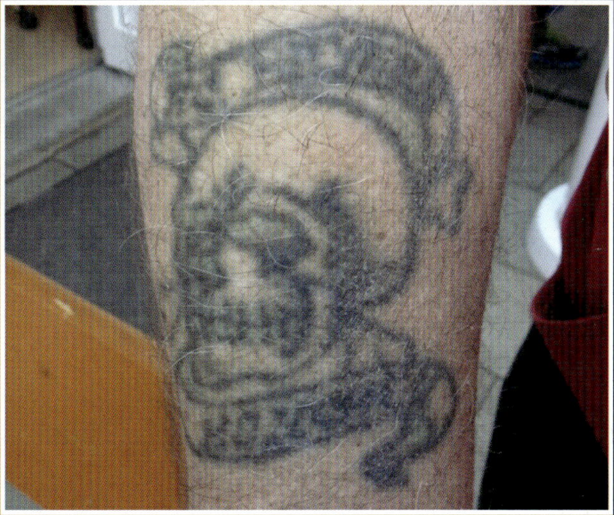

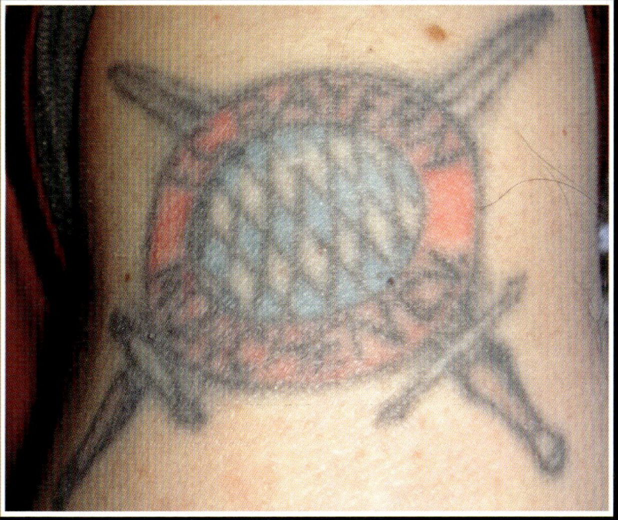

»DENN SEIT MEHR ALS 1000 JAHREN, SIND WIR BAYERN UNGESCHLAGEN.

GANZ OHNE BAYERN,
KANN MAN NICHT
DURCHS LEBEN GEH'N.«

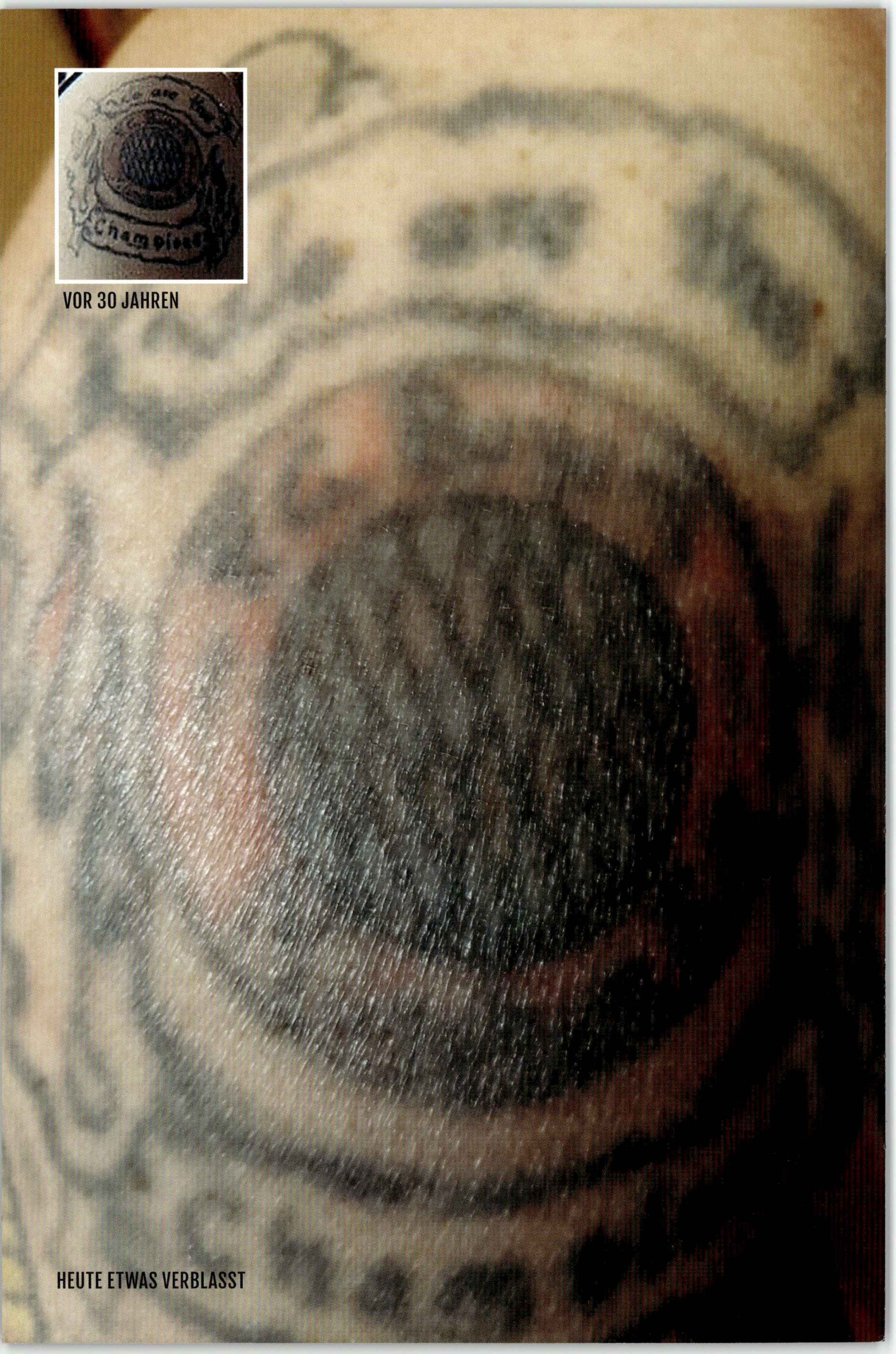

VOR 30 JAHREN

HEUTE ETWAS VERBLASST

72
FC BAYERN
MÜNCHEN

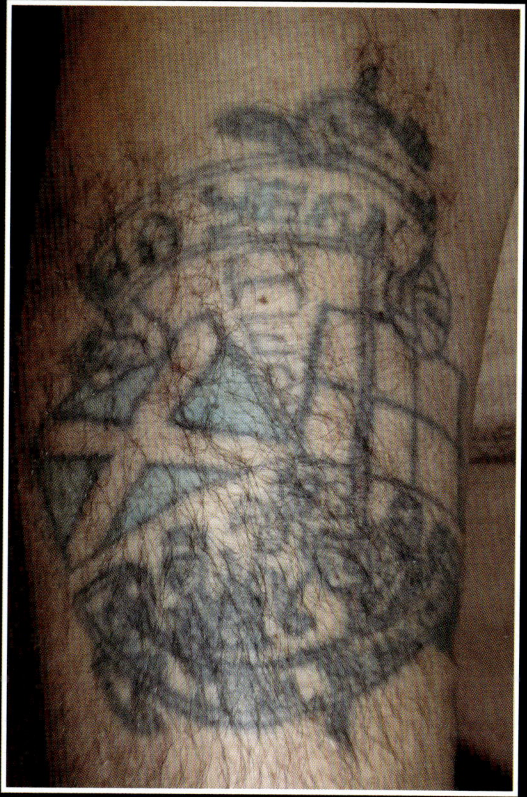

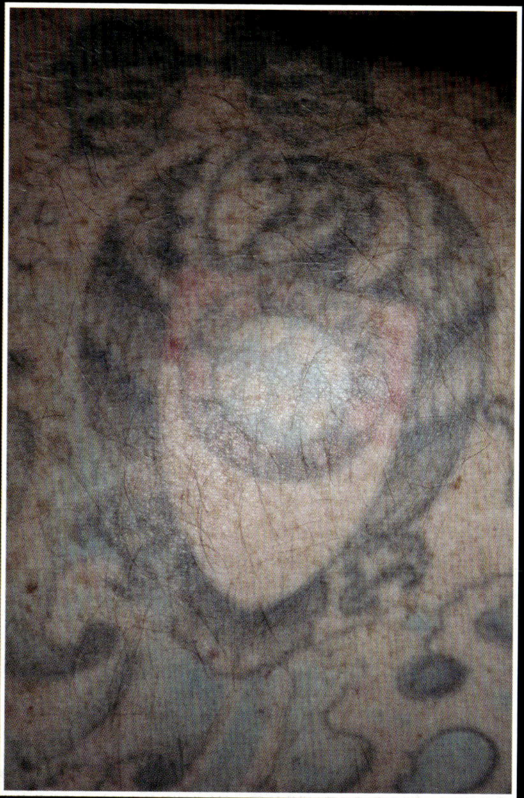

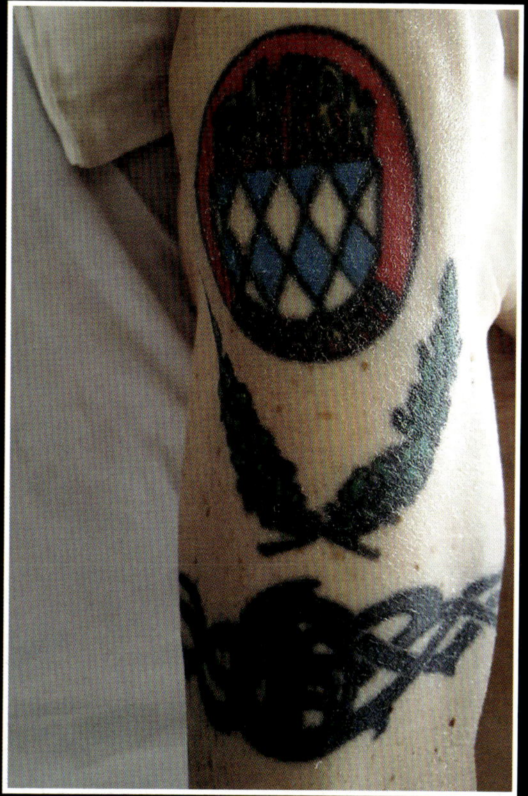

02

BRUST

FC BAYERN
MUNCHEN
DEUTSCHER

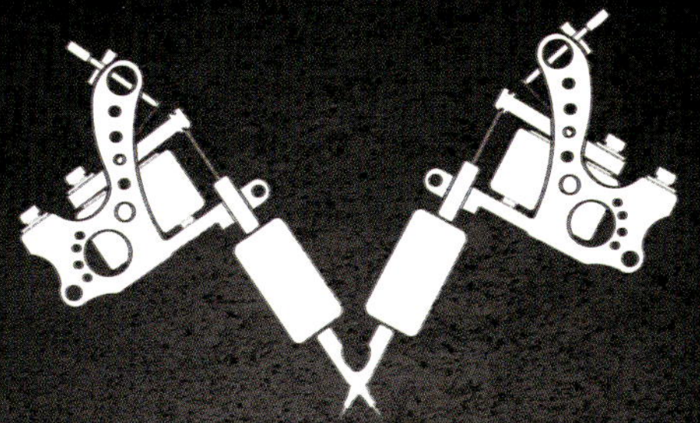

»EINE ABWEHR AUS GRANIT!
SO WIE EINST REAL MADRID!
UND SO ZOGEN WIR
IN DIE BUNDESLIGA EIN.

UND WIR WERDEN WIEDER
DEUTSCHER MEISTER SEIN.
OH FCB, OH FCB, OH FCB,
OH FCB.«

25.05.2013

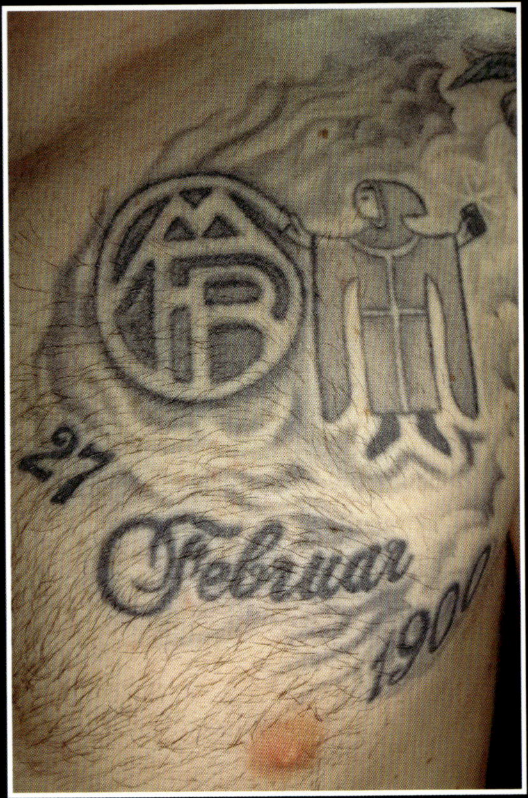
27
Februar
1900

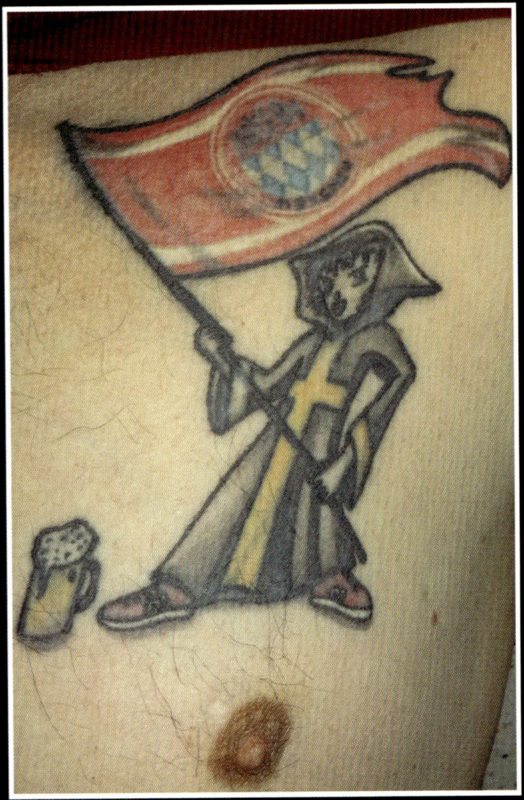

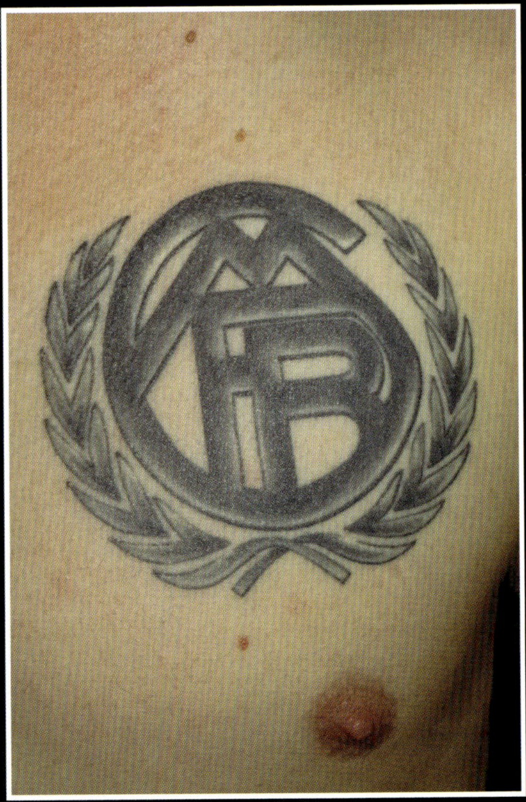

BAYERN
MÜNCHEN

MCMLXXII
Munich's

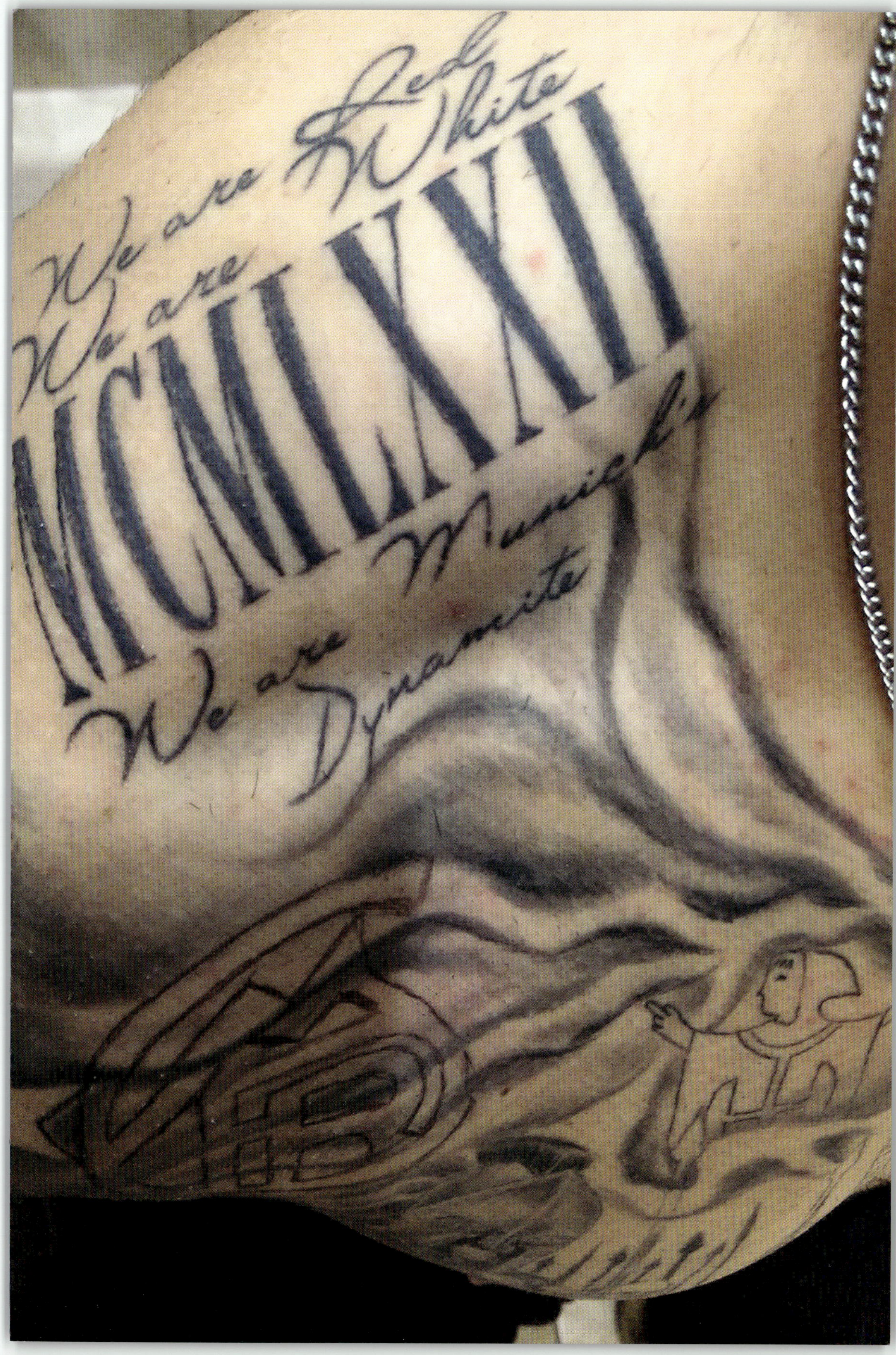
We are Red
We are White
MCMLXXII
We are Munich's
Dynamite

XXVII II MCM
Mia san Mia

Mi Loca Vida
27. Februar
NEUNZEHNHUNDERT

Münchens wahre Liebe

Mia San Mia
Since
1900

1900

SÜDKURVE
München

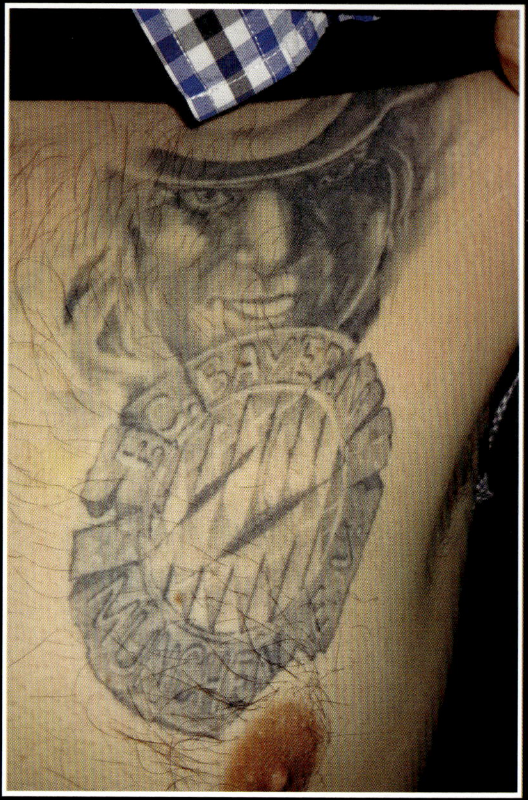

BAYERN

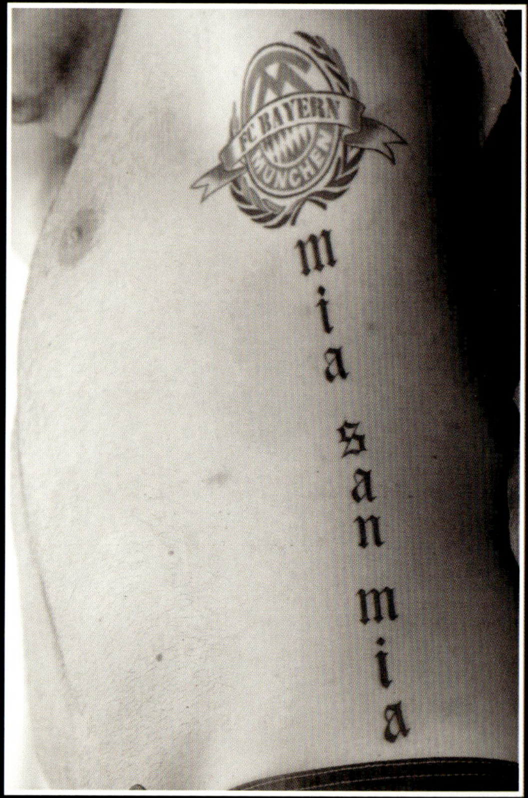
FC BAYERN
MÜNCHEN
mia san mia

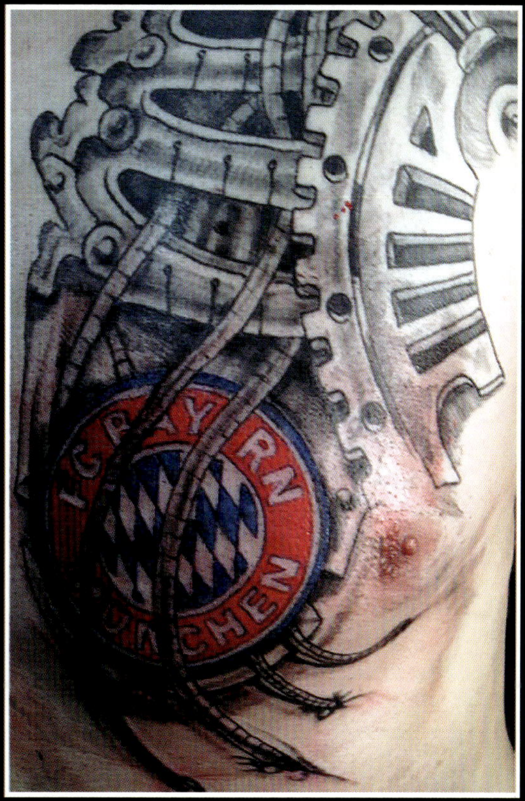

2001
F.C. BAYERN
2011

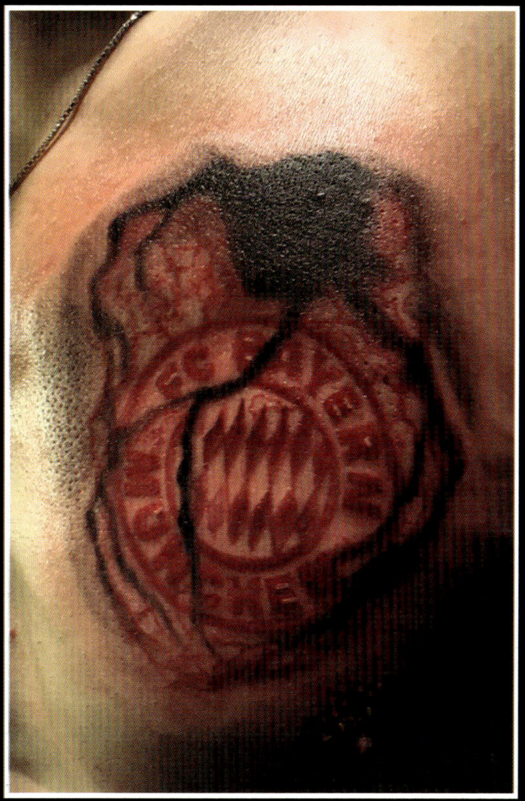

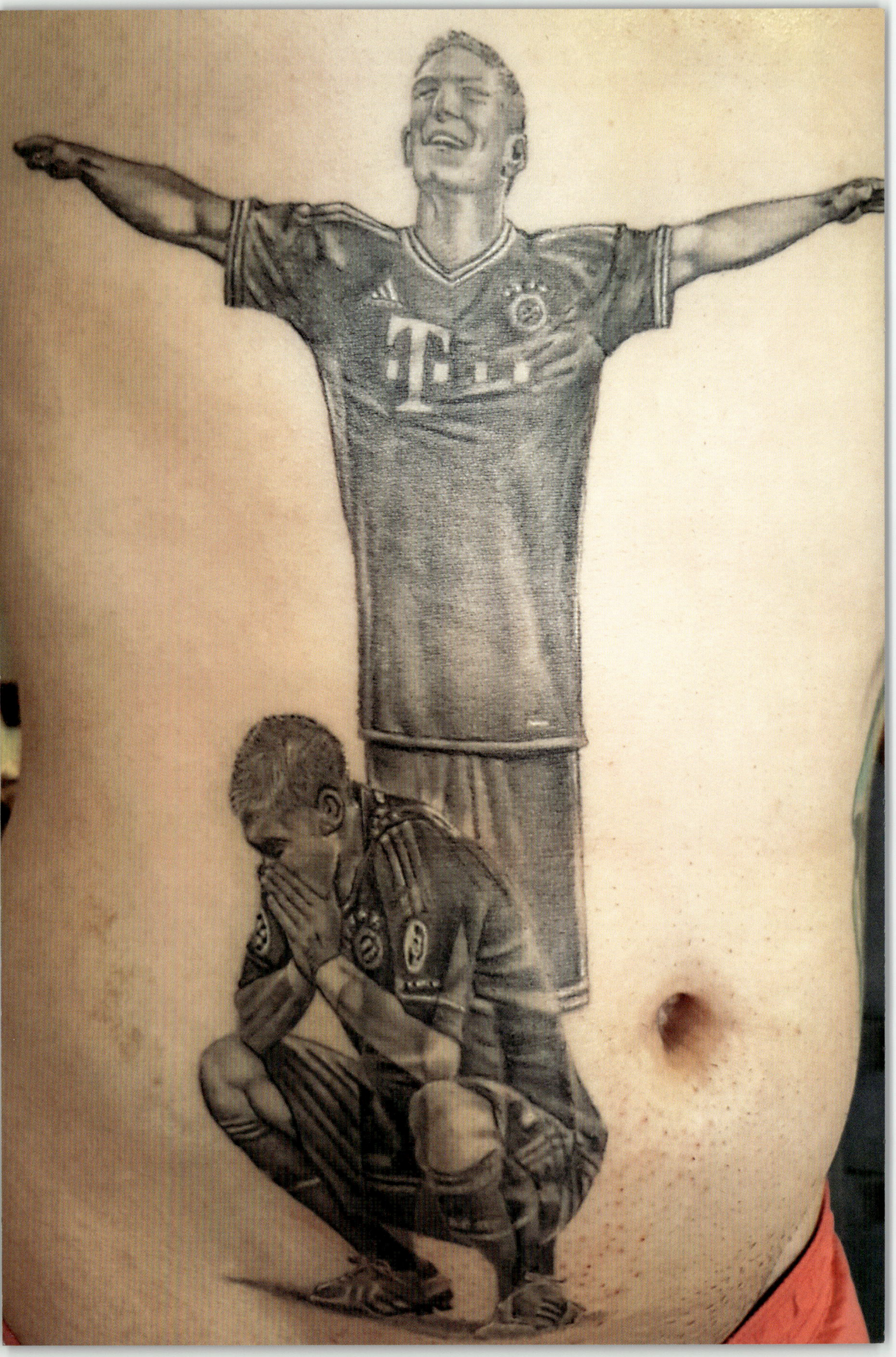

03

INTERVIEWS

1 & 2

»MÜNCHENS WAHRE LIEBE,
MÜNCHENS WAHRE LIEBE,
MÜNCHENS WAHRE LIEBE:
FCB.«

2016
BAVARIAN PRIDE

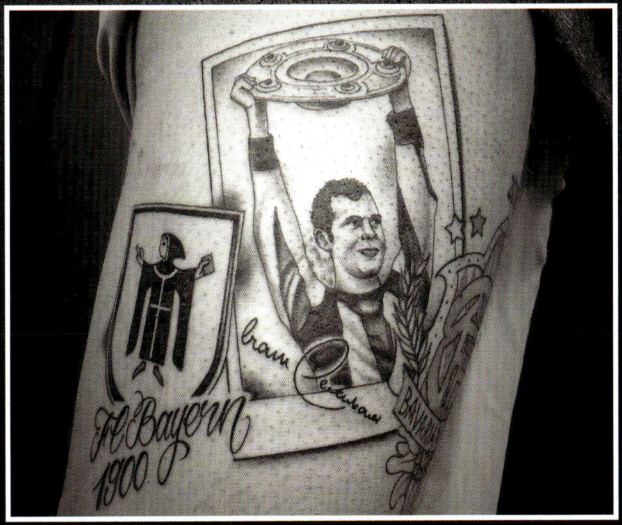
FC Bayern
1900

»MIA SAN MINGA – MINGA SAN MIA«

INTERVIEW MIT ANGELA

Die Münchner Tätowiererin Angela, 34, sticht in ihrem eigenen Studio in München-Schwabing (Schleißheimer Str. 182, Rückgebäude) gerne auch die Lieblingsmotive von Bayern-Fans. Auf Facebook ist sie unter »heartmade tattoos« zu finden.

Wie wurdest du Tätowiererin?
Ich habe schon immer viel gezeichnet. Nachdem ich verschiedene Dinge ausprobiert hatte, wollte ich mein Hobby zum Beruf machen. Nach meiner Lehrzeit habe ich über drei Jahre bei meiner Lehrerin in ihrem Studio gearbeitet und Anfang des Jahres meinen eigenen Laden eröffnet. Tattoos haben mich schon immer fasziniert, für mich ist es meine Art, meine Spuren zu hinterlassen. Ich liebe die kreative Zusammenarbeit mit meinen Kunden und die Begeisterung in ihren Gesichtern nach einer erfolgreichen Sitzung.

Welchen Tattoo-Stil bevorzugst du?
Keinen bestimmten. Abstrakte geometrische Formen interessieren mich, vor allem in Kombination mit kontrastreichen Farben und weichen feinen Motiven. So wie man es etwa beim Trashpolka-Stil findet. Aber am meisten liegen mir figürliche Designs und Mandalas.

Arbeitest du mit fertigen Vorlagen oder entwickelst du auch selbst Ideen?
Die Vorlagen müssen vom Kunden kommen. Manchmal, so wie bei FCB-Tattoos, ist das Design nicht

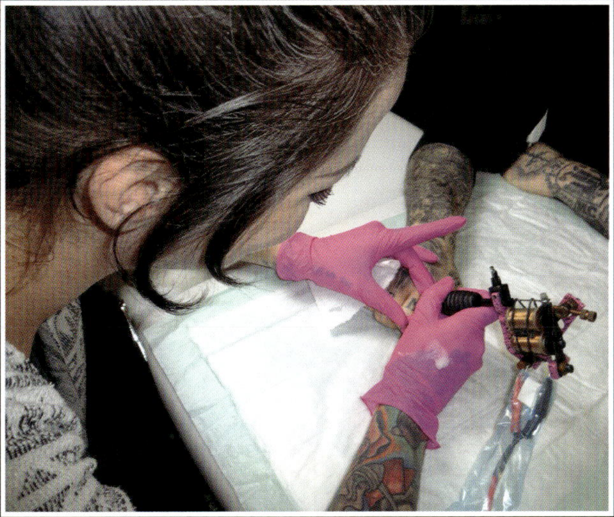

Bayern

veränderbar. In der Regel mache ich mir aber anhand online recherchierter Bilder des Kunden einen Eindruck von seiner Idee und setze diese dann ganz individuell um.

Wie haben sich die Fußball-Tätowierungen im Vergleich zu früher verändert?
So wie Tätowierungen allgemein haben sich im besonderen auch Fußball-Tätowierungen dahingehend verändert, als dass es nicht mehr so sehr um Provokation geht, sondern mehr um Kunst. Die Tätowierungen sind also detaillierter und durchdachter, sie funktionieren nicht mehr so sehr als Logo, sondern sind zugeschnitten auf den Träger.

Sind Bayern-Tattoos besonders angesagt?
Vor allem ist es angesagt, seine Leidenschaften und Hobbys in bildlicher Form auf die Haut zu bannen, somit natürlich auch die Verbundenheit zum FC Bayern. In München etwa auch nach dem Motto: Mia san Minga – Minga san mia!

Gibt es einen erkennbaren Trend bei Bayern-Tattoos?
Das würde ich so nicht sagen. Aber natürlich begrüße ich die Entwicklung, dass Tätowierungen immer gesellschaftsfähiger werden und nach und nach ihren schlechten Ruf verlieren. Das erkennt man natürlich auch bei Bayern-Tattoos. Die Träger ecken nicht mehr so sehr an wie früher. Daher steigt die Nachfrage. Tattoos von Fans anderer Vereine haben eher einen etwas aggressiveren Touch.

Welche FCB-Motive gefallen dir persönlich am besten?
Am besten gefallen mir immer Tätowierungen, die individuell zum Träger passen. Vor allem solche, die an ein bestimmtes Ereignis erinnern sollen oder auch eine Art Collage aus allem, was dem Kunden besonders wichtig ist.

Bist du selbst Bayern-Fan?
Nein, ich bin allgemein nicht besonders an Fußball interessiert, muss ich gestehen. Aber wenn ich es wäre, käme selbstverständlich kein anderer Verein infrage.

Steigt der Trend, sich zu tätowieren, weiterhin an?
Ja, absolut. In nahezu allen sozialen Schichten und allen Altersgruppen finden sich mehr und mehr

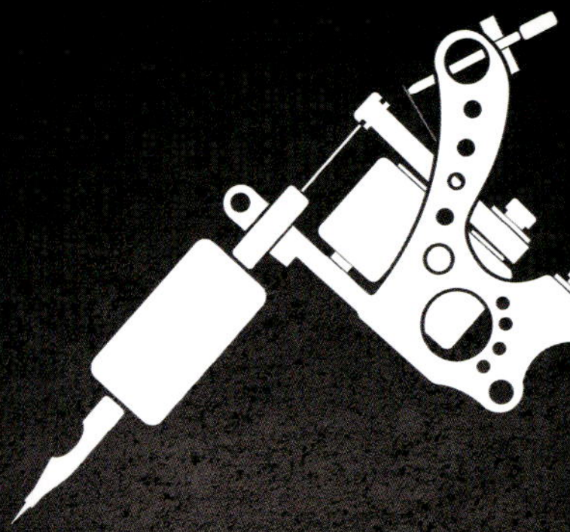

Tattoo-Begeisterte. Zum Teil liegt das sicherlich an der Omnipräsenz in den Medien und an den Prominenten, die es vormachen. Heutzutage ist das Image nicht mehr an Kriminalität oder Provokation gekoppelt, sondern Tätowierungen werden immer mehr als Kunstform verstanden, was sie auch sind. Alle Völker der Erde, so unterschiedlich sie sind, haben gemeinsam, dass die Menschen ihre Körper schmücken, und Tätowierungen gehören schon immer zum Leben der Menschen dazu. Sogar Ötzi war bereits tätowiert. Eine Tätowierung kann sowohl Erinnerung oder Tribut sein, als auch eine Form der Bewältigung oder ein Zeichen für einen Neuanfang. Diese Form der Körperkunst ist unendlich vielseitig und daher findet sich für jeden Träger das geeignete Motiv.

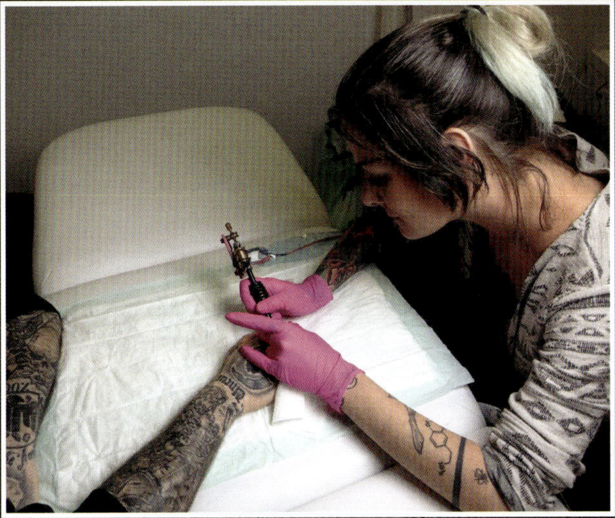

»DIE LIEBE ZUM FCB AUF DER HAUT VEREWIGEN«

INTERVIEW MIT MICHAEL

Der Augsburger Tätowierer Michael, 36, arbeitet schon seit über sechs Jahren mit der Nadel. Sein Spitzname ist »Maler«. Weitere Infos gibt es auf seiner Facebook-Seite »Mister Maler Tattoos«. Hier können auch Terminvereinbarungen abgeschlossen werden.

Wie wurdest du Tätowierer?
Ich bin über das Graffitisprayen zum Tätowieren gekommen. Tattoos haben mich schon lange fasziniert, und so musste es irgendwann so kommen, dass ich es auch ausprobieren wollte. Also musste dann mein Oberschenkel herhalten.

Welchen Tattoo-Stil bevorzugst du eigentlich?
Vorzugsweise die Stile Lettering, Black and Grey, Traditionals und Neotraditional.

Arbeitest du mit fertigen Vorlagen oder entwickelst du auch selbst Ideen?
Eigentlich fertige ich meine Vorlagen schon selbst an. Außer der Kunde bringt eine Vorlage mit, die er auch genauso gestochen haben will. Inspirationen hole ich mir aus Büchern und der Natur. Man kann sich von allem inspirieren lassen.

Wie haben sich die Fußball-Tätowierungen im Vergleich zu früher verändert?
Die Vereinswappen bleiben natürlich gleich, und die Fußball-Tattoos sind vom Style her immer dem aktuellen Trend angepasst.

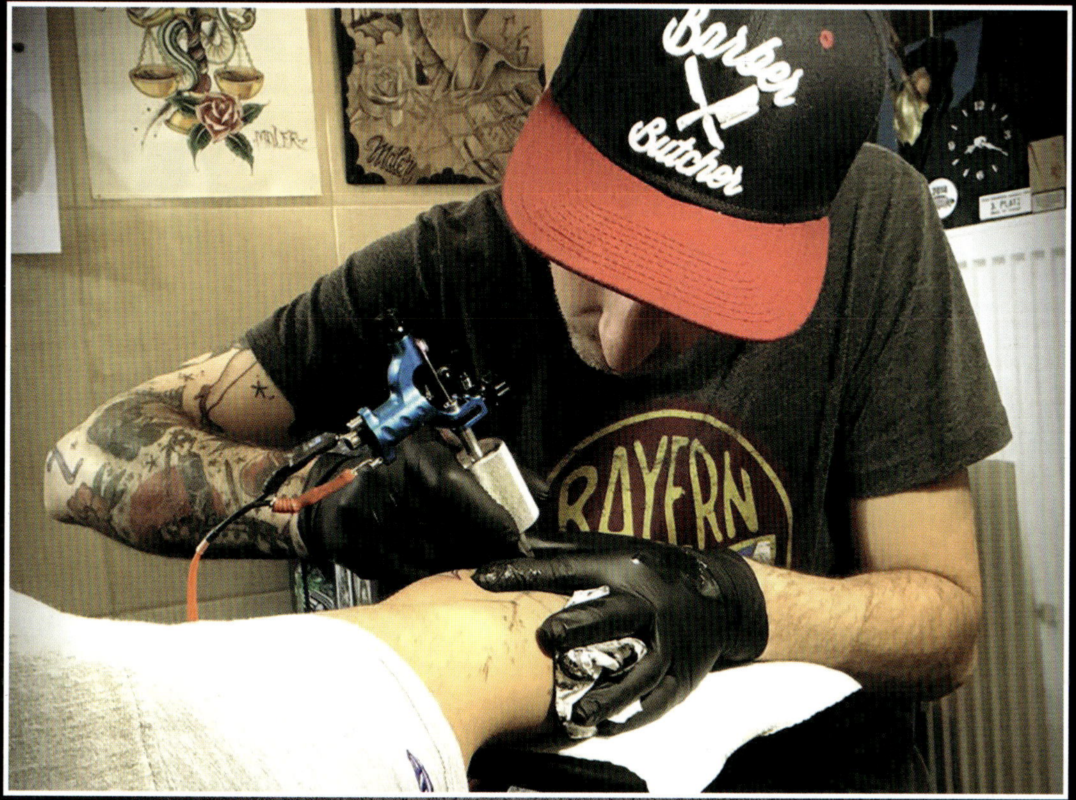
Barber
Butcher
BAYERN

FC BAYERN
MUNCHEN
FC BAYERN
MUNCHEN

2016
BAVARIAN PRIDE

Sind Bayern-Tattoos angesagt?
Von angesagt sein kann man nicht unbedingt sprechen. Es ist eigentlich ganz einfach: Wenn die Liebe zum FCB groß genug ist, lässt man sich diese Liebe auch auf der Haut verewigen.

Unterscheidet sich die Machart der Bayern-Tattoos von denen anderer Vereine?
Die Machart ist meist ähnlich. Entweder nur das Logo oder halt dann in allen möglichen Varianten. Etwa ausgebaut mit Pokalen, Stadion oder auch Vereins-Ikonen.

Welches FCB-Motiv ist dein Favorit?
Mir persönlich gefällt das Bayern-Wappen von 1965 bis 1970 am besten.

Bist du selbst Bayern-Fan?
Ja, ich bin ein sehr großer Bayern-Fan und habe auch ein Bayern-Tattoo. Dieses habe ich mir nach einer Auswärtsfahrt zu Real Madrid stechen lassen. Übrigens: Ich bin durch meinen Opa zum FC Bayern gekommen.

Steigt der Trend, sich zu tätowieren, weiterhin an?
Der Trend, sich tätowieren zu lassen, ist meiner Meinung nach unverändert gleich geblieben. Viele Leute stehen halt einfach auf Tattoos!

FC Bayer
1900

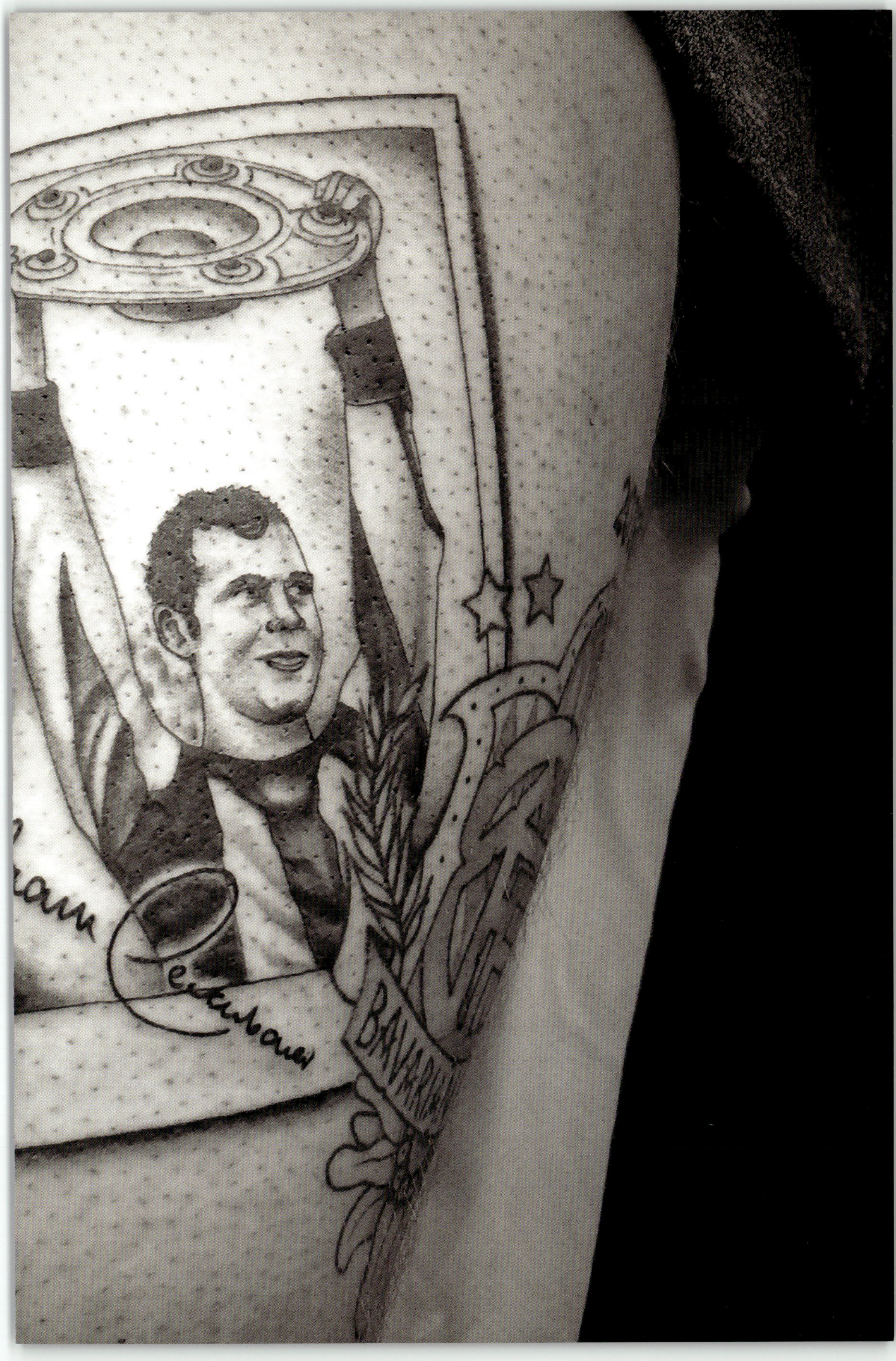
BAVARIA

04

ARME

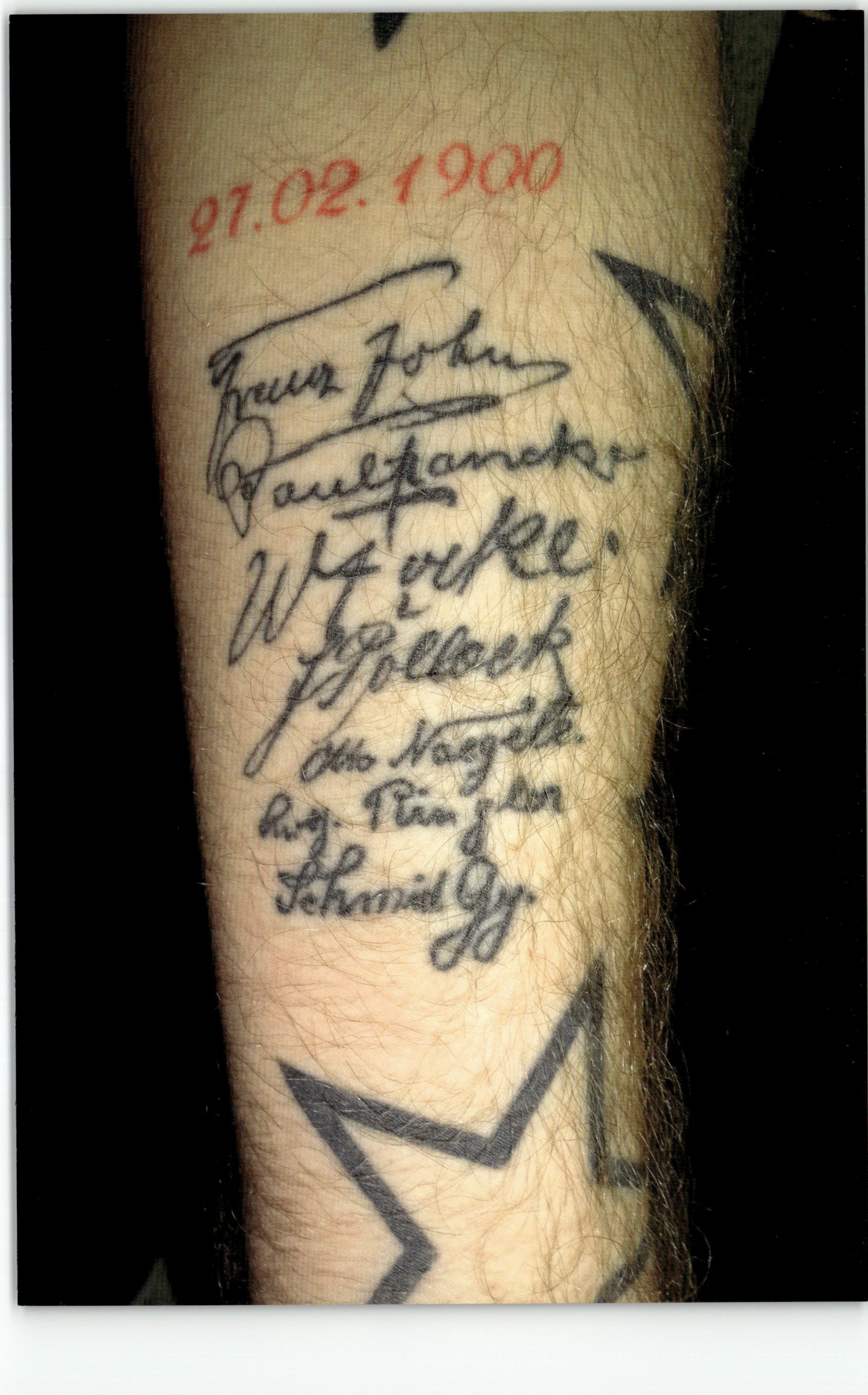
27.02.1900
Franz John
Otto Naegele
Schmid Gg.

»WEN WOLL'N WIR FEIERN,
UNSER LEBEN LANG:
DEN FC BAYERN,
SCHLIESST EUCH AN.
WEN WOLL'N WIR FEIERN,
UNSER LEBEN LANG:
DEN FC BAYERN,

SCHLIESST EUCH AN.
WIR WERDEN
DEUTSCHER MEISTER SEIN.
WIR FEIERN ZUSAMMEN,
KEINER SINGT ALLEIN.
WIR FEIERN ZUSAMMEN,
NICHT ALLEIN.«

FEEL...

MIA SAN MIA

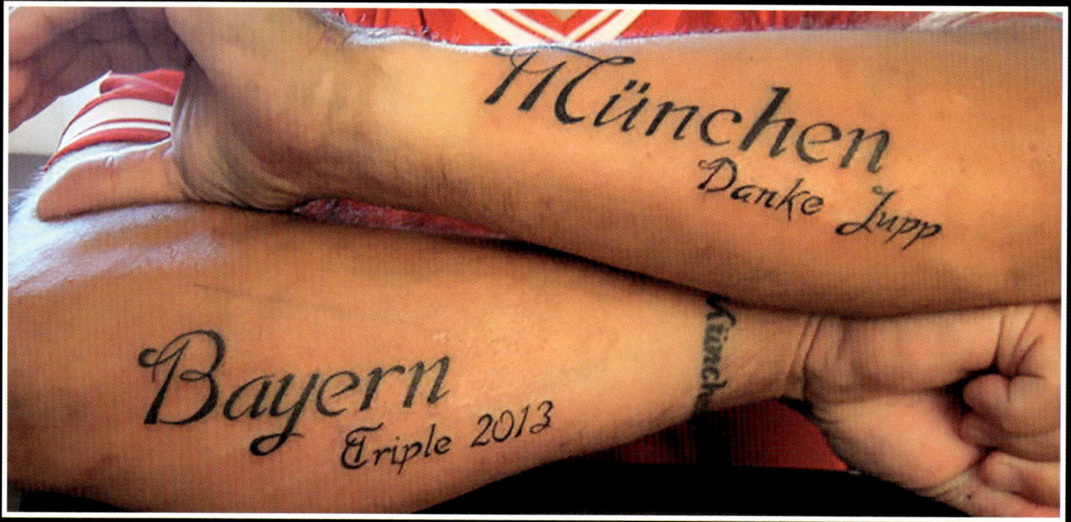
München
Danke Jupp
Bayern
Triple 2013

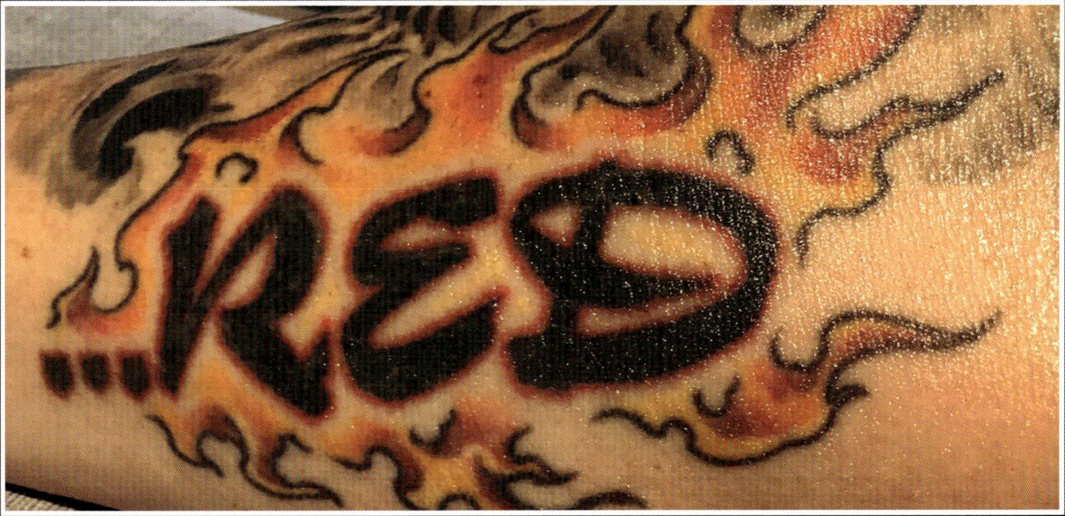
...RED

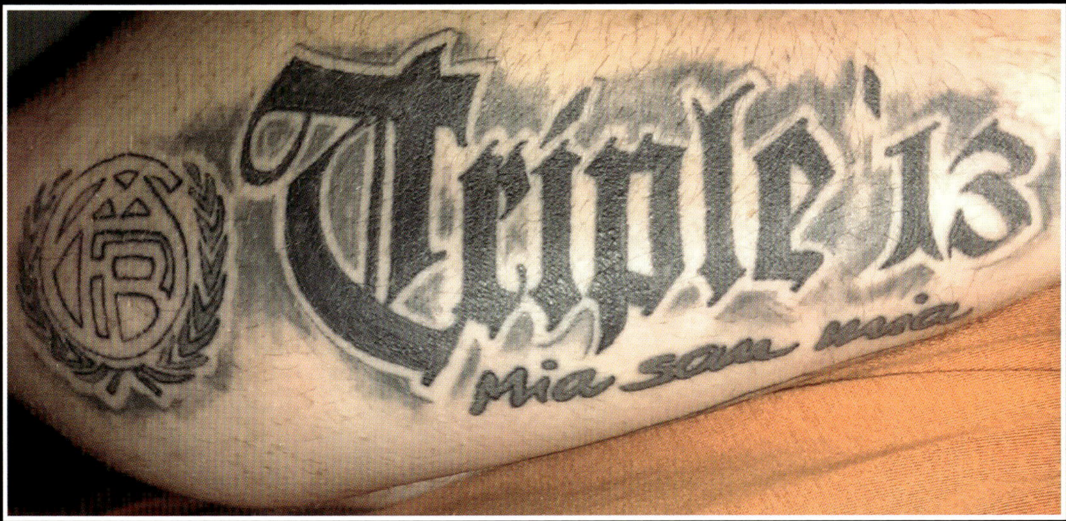
Triple 13
Mia san mia

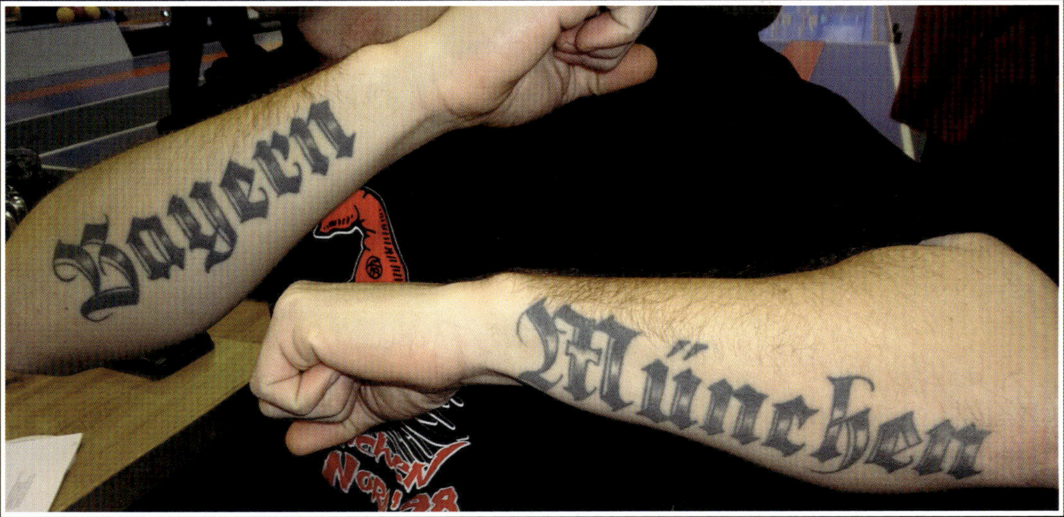
Bayern
München

FC BA
MUNCH
ESTABLISH
ROT & WEISS - EIN

ED 1900
LEBENLANG

Mia San Mia

FC BAYERN
MÜNCHEN

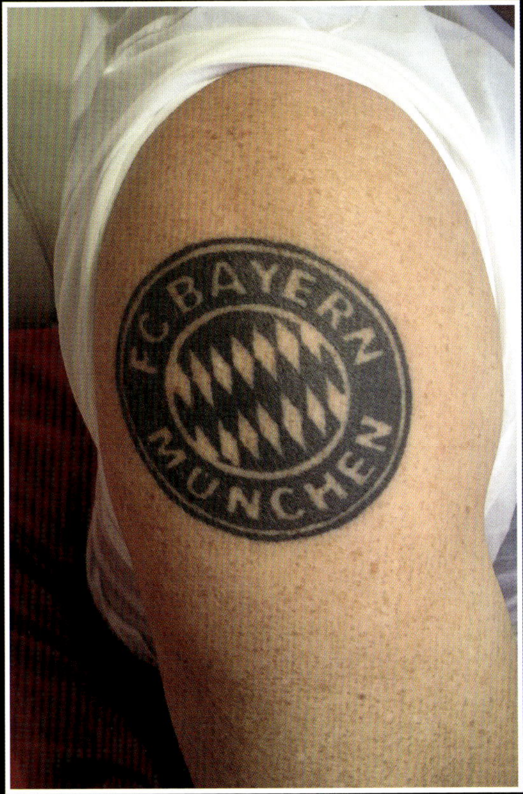
FC BAYERN
MÜNCHEN

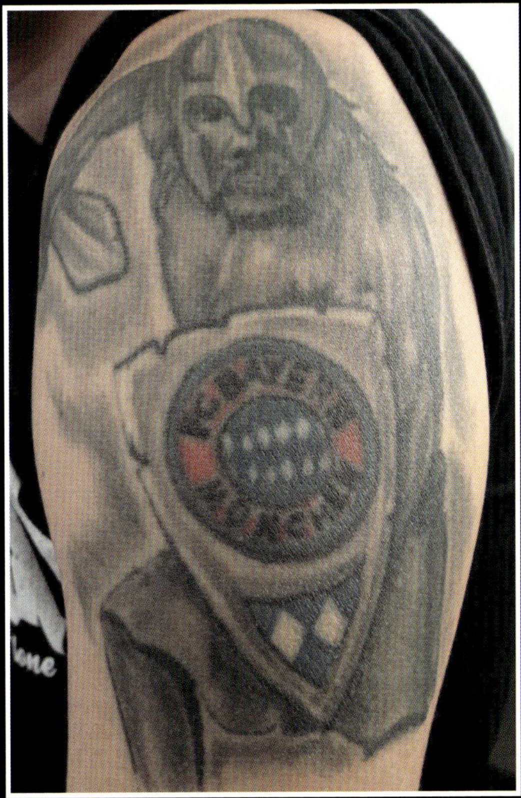

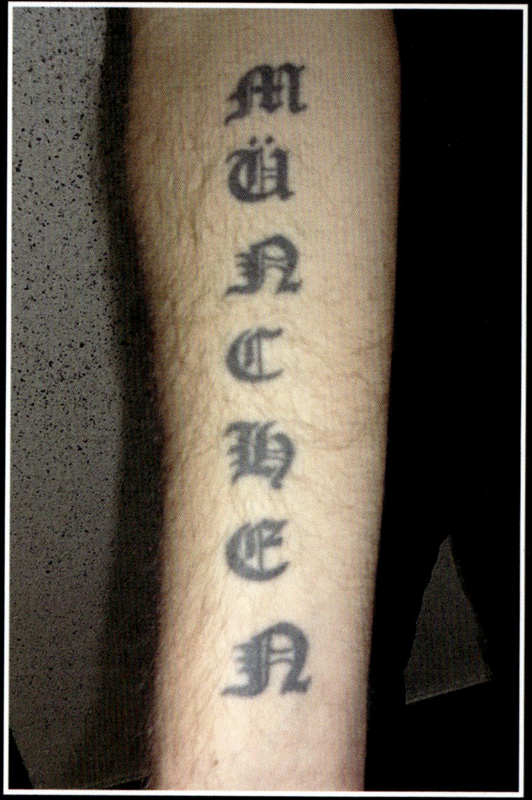
MÜNCHEN

Stern des
Südens

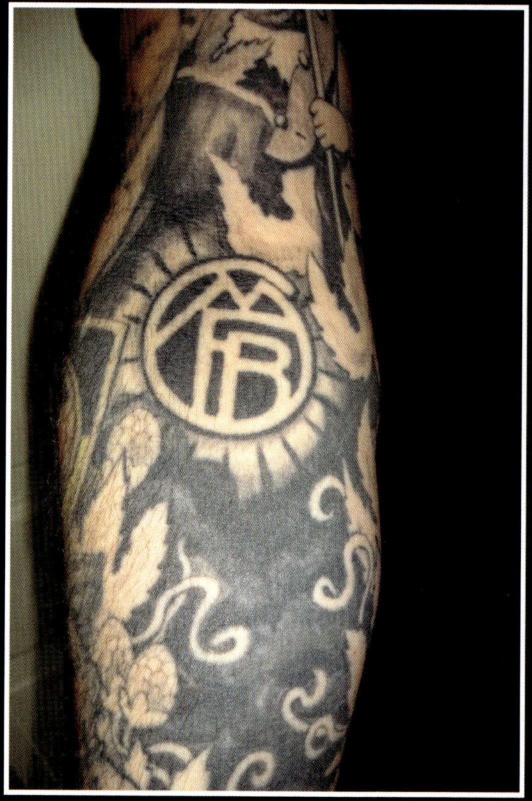

FC BAYERN
1900

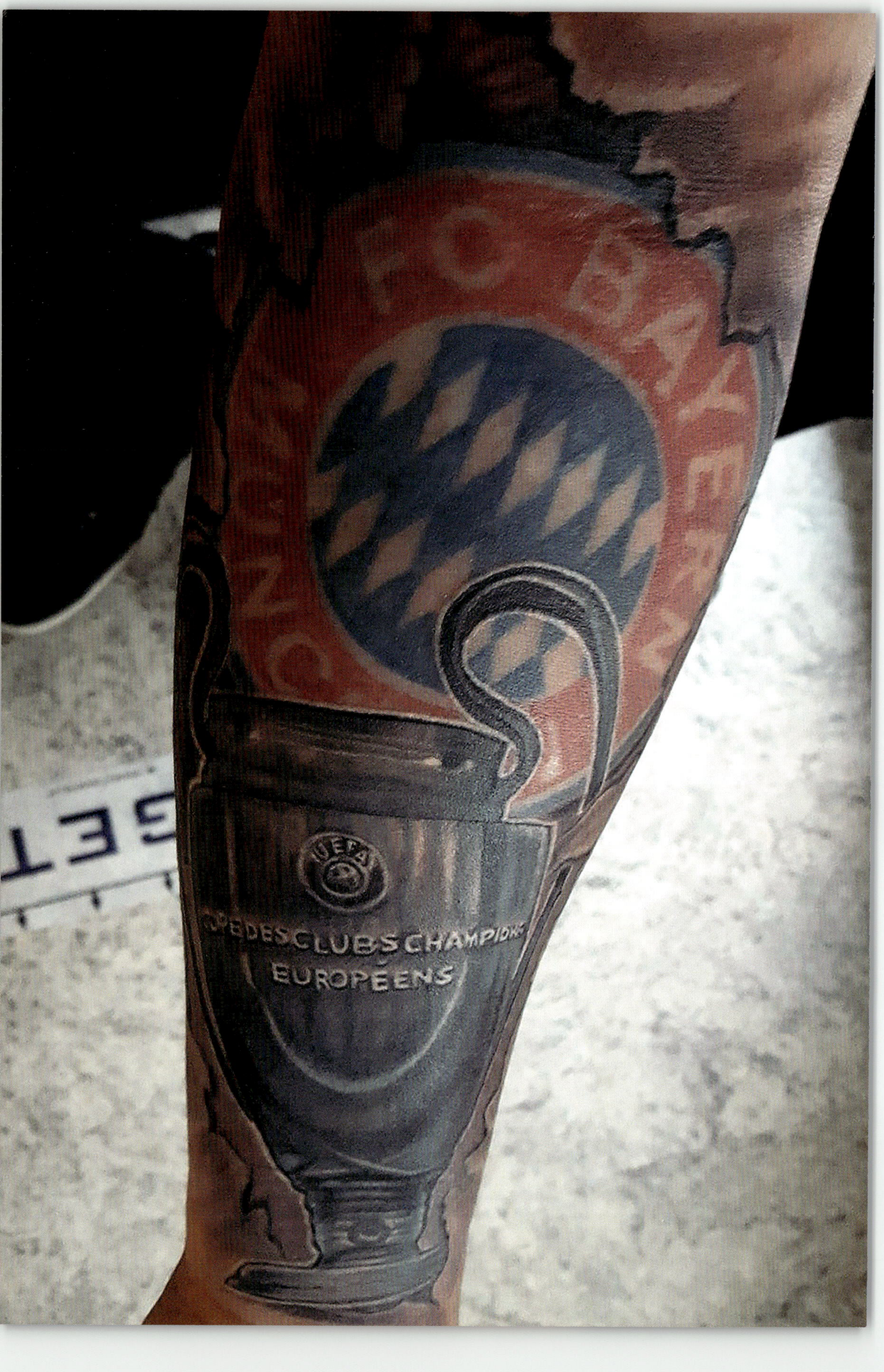
UEFA
EUROPÉENS

FC BAYERN
MIA
SAN
MIA

FC BAYERN
DAS HERZ SCHLÄGT ROT
LFCB
LOVE

FC BAYERN
MÜNCHEN

FCB

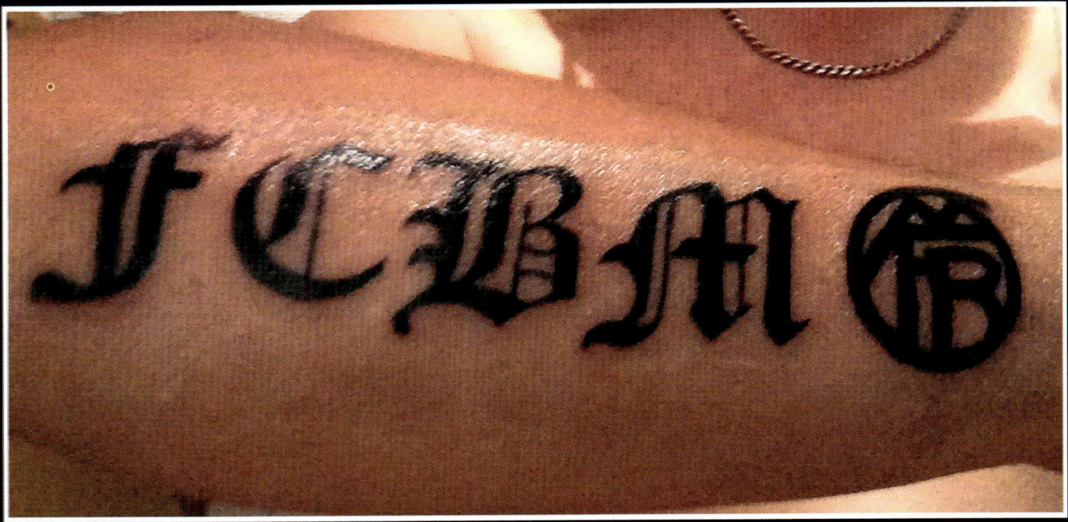
FCBM

München

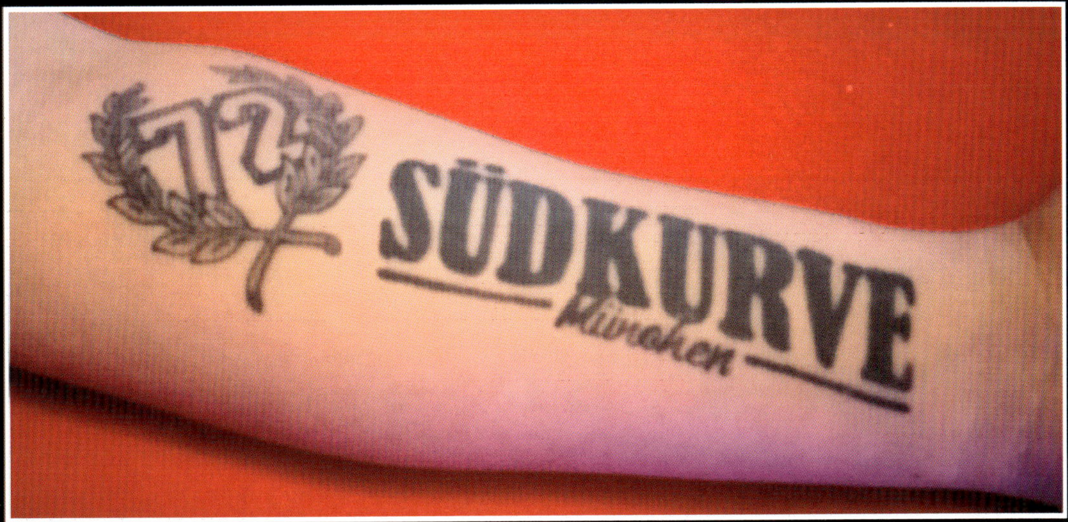
SÜDKURVE
München

FCBA

LA BESTIA

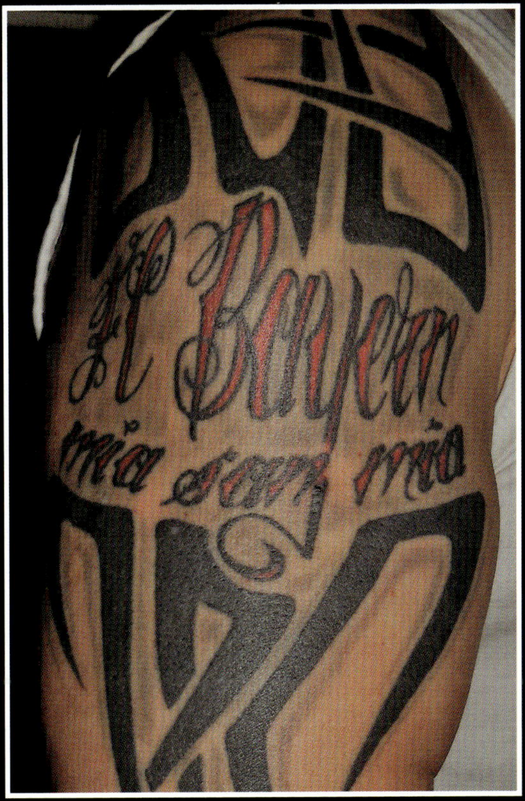
FC Bayern
mia san mia

Mia San
Uli
Forever

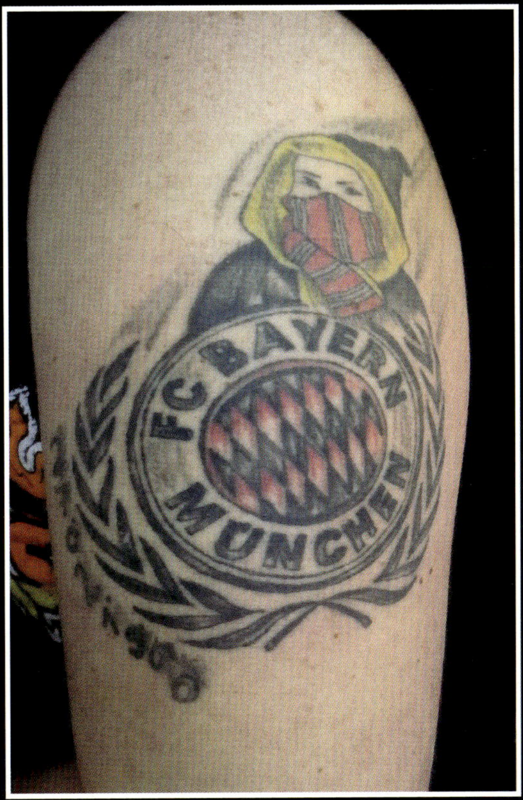
FC BAYERN
MÜNCHEN

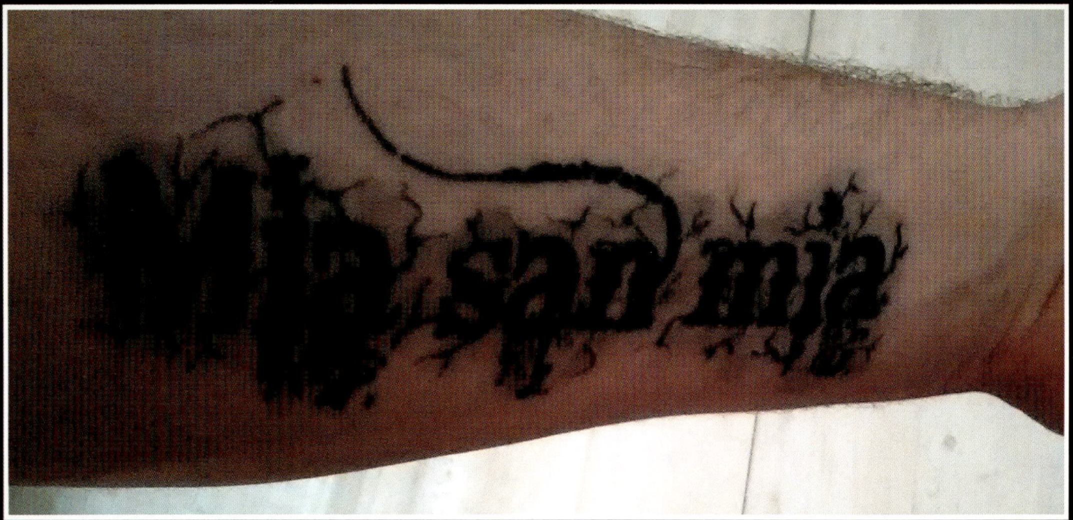
Mia san mia

Mia san Mia

Mia san Mia

A
D
Mia san Mia
N
T
M

MIA
SAN
MIA

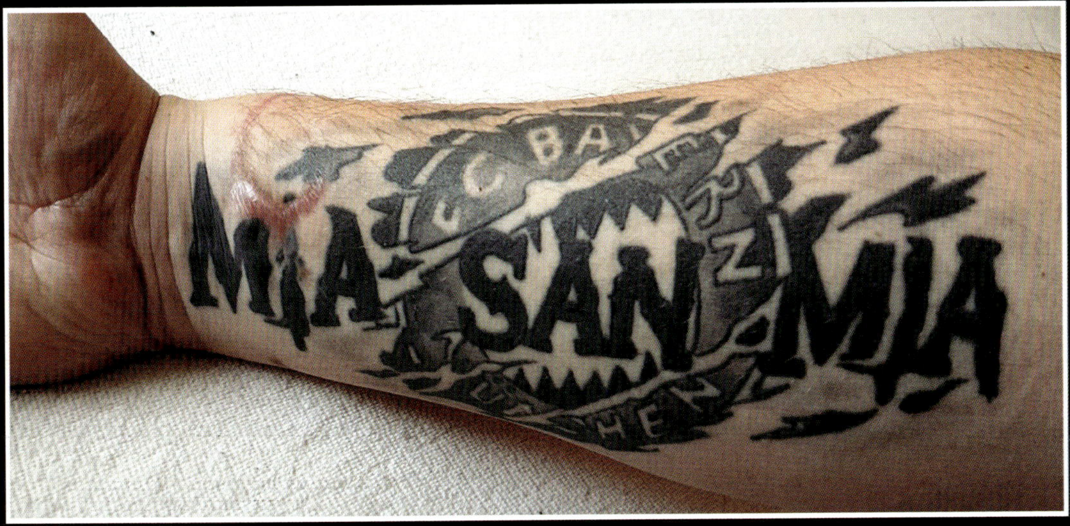
MIA
SAN
MIA

Bayer durch Gottes

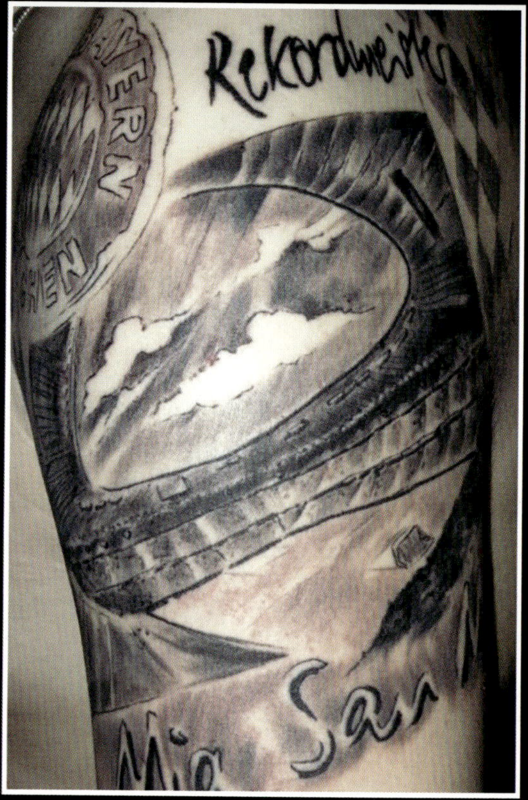
Mia San

FC BAYERN
MÜNCHEN

FC BAYERN
MÜNCHEN
You'll never walk alone

FC BAYERN
MÜNCHEN

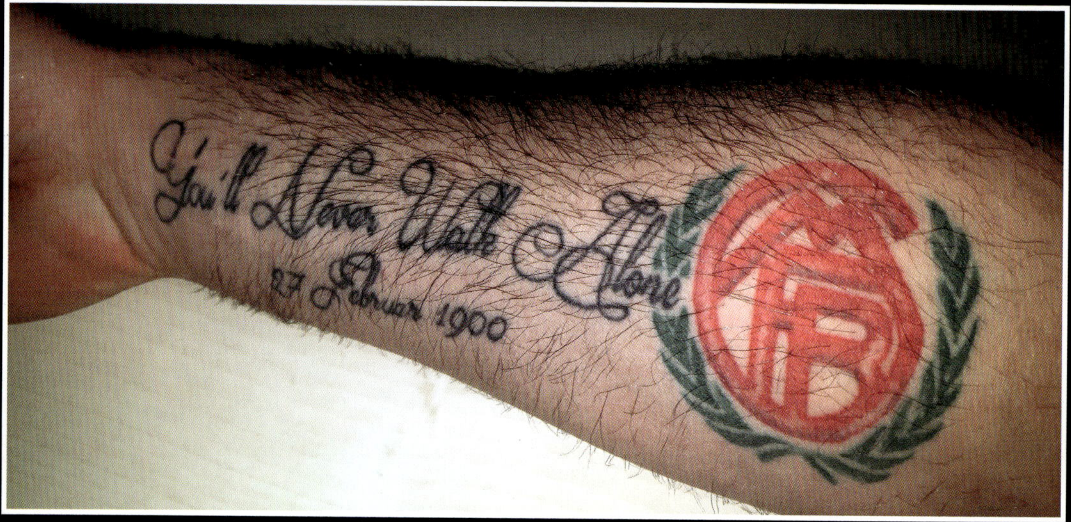
You'll Never Walk Alone
27 Februar 1900

Mia-San-Mia

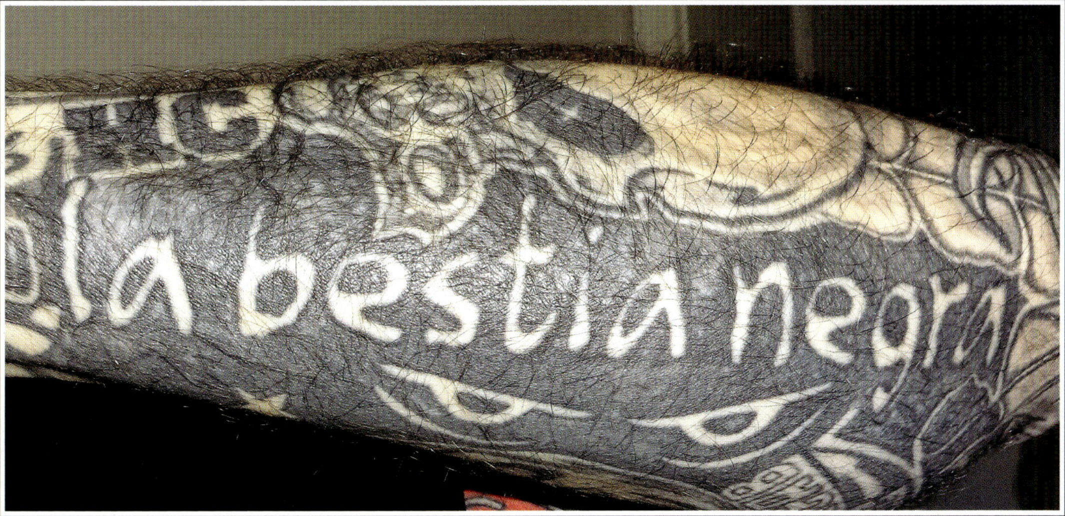
la bestia negra

Mia san Mia

FC Bayern München

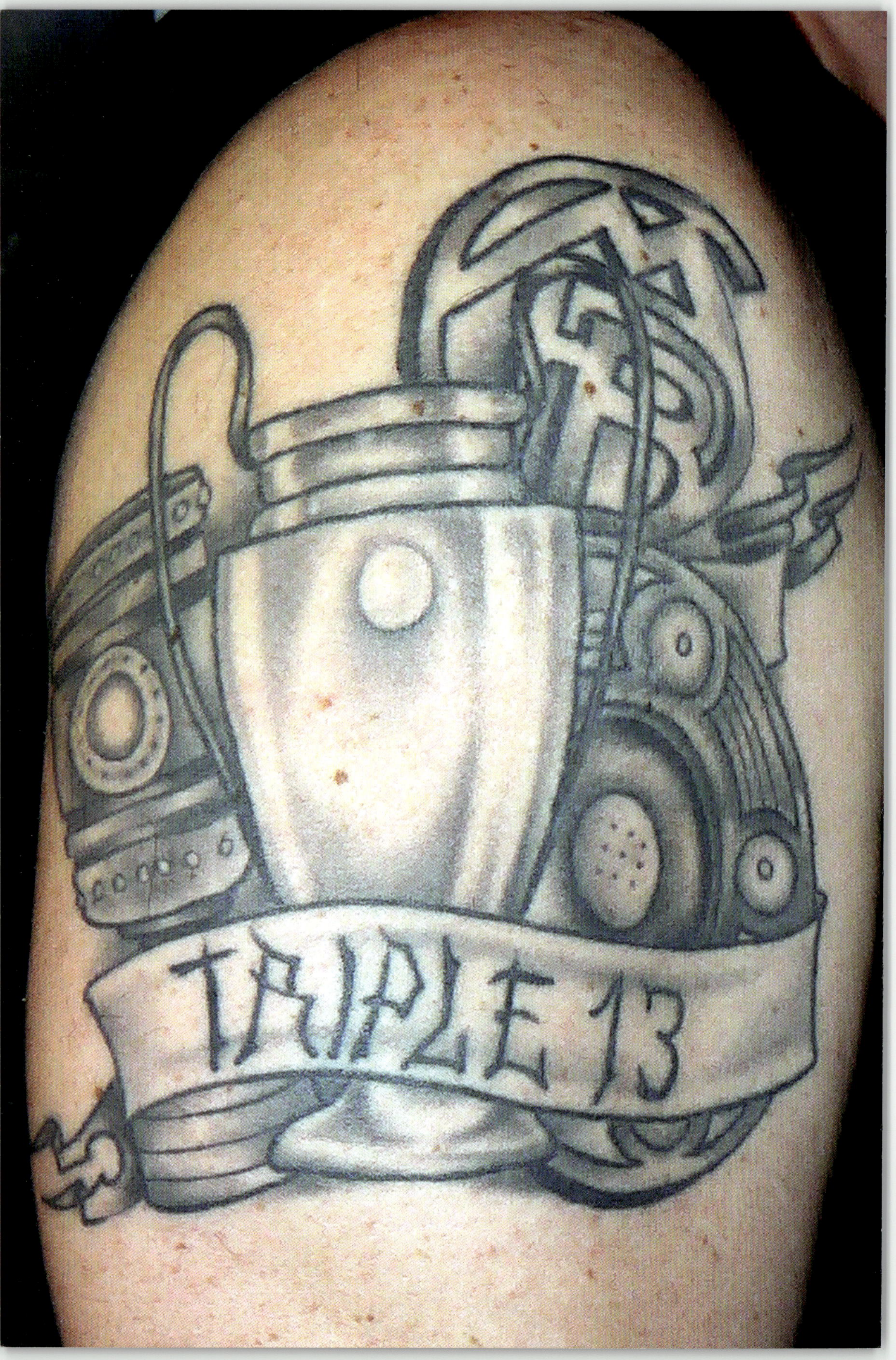
TRIPLE 13

Mia San
FC BAYERN
MUNCHEN

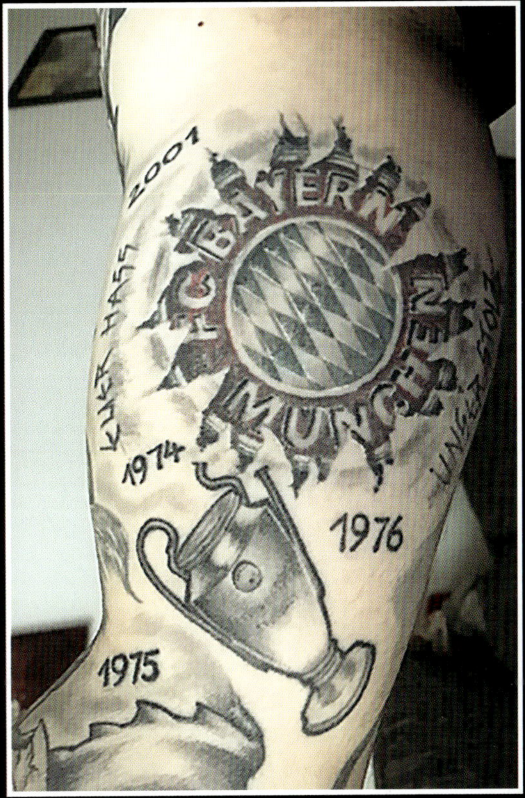
FC BAYERN
MUNCHEN
2001
1974
1976
1975

FC BAYERN
Mia San
74
75

Stern des

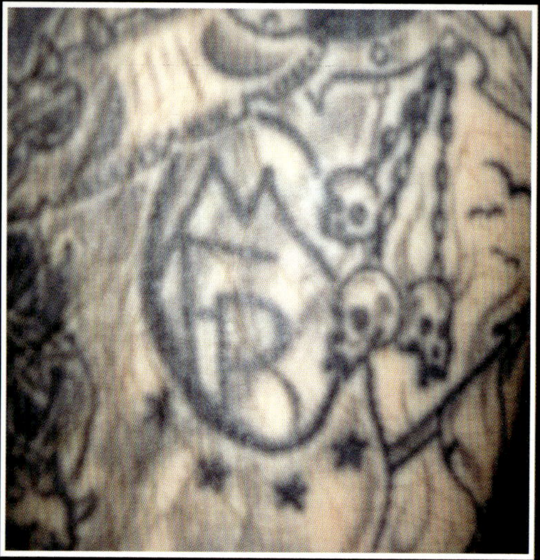

Mia san

MÜNCHEN

FC BAYERN

Triple 2013
est. 1900

1900

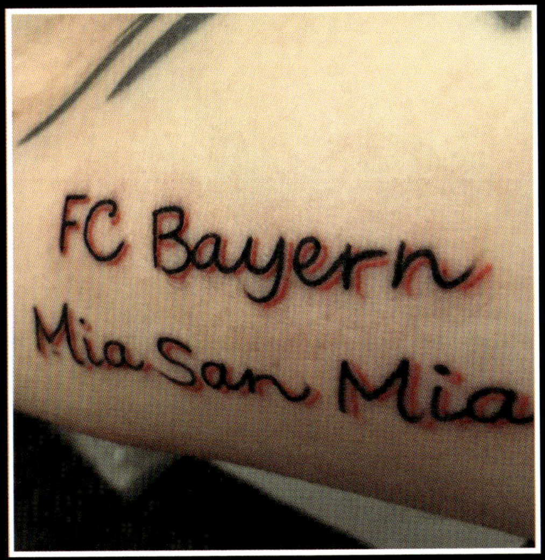
FC Bayern
Mia San Mia

FC BAYERN
MÜNCHEN

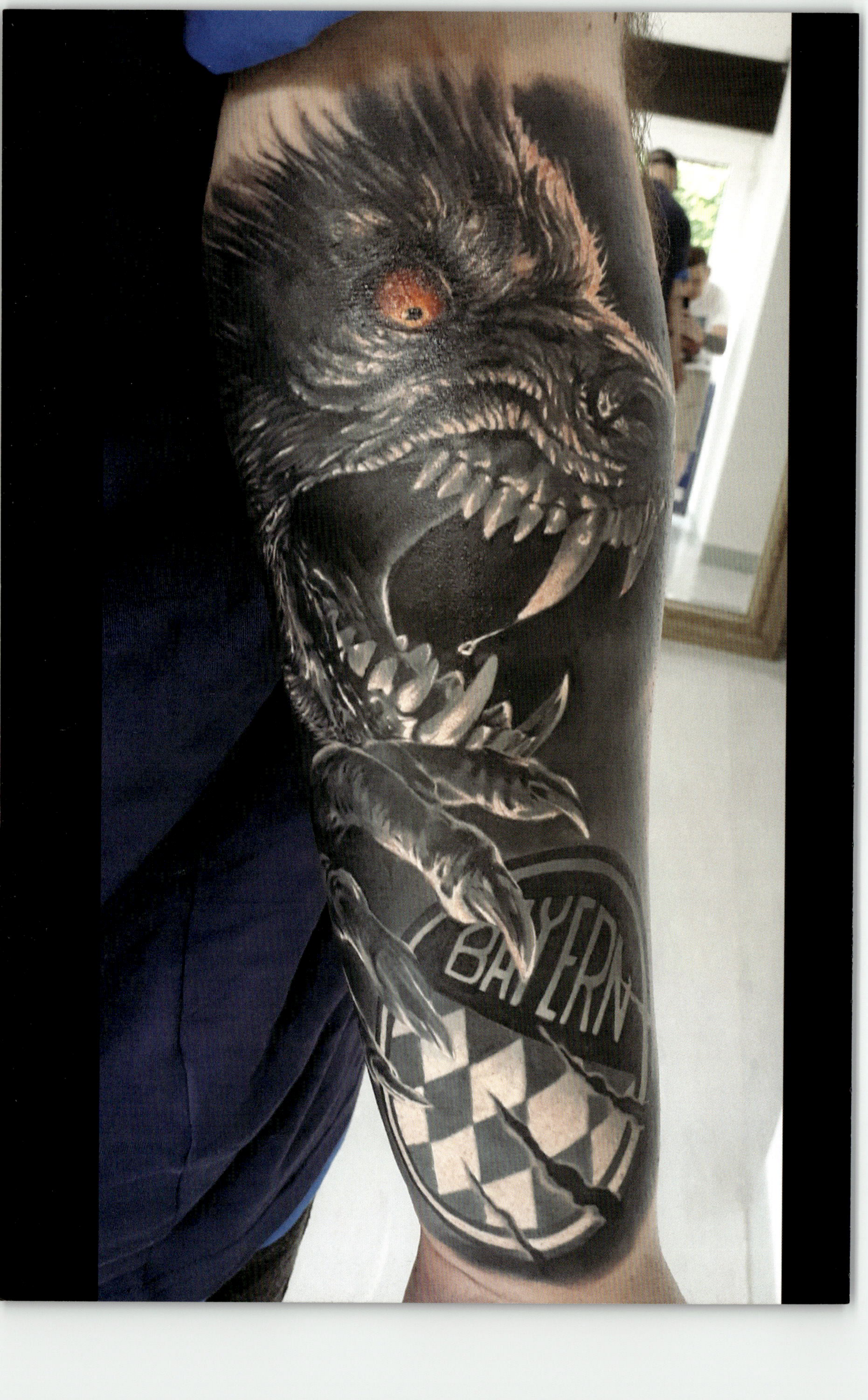
BAYERN

BAYERN

BAYERN

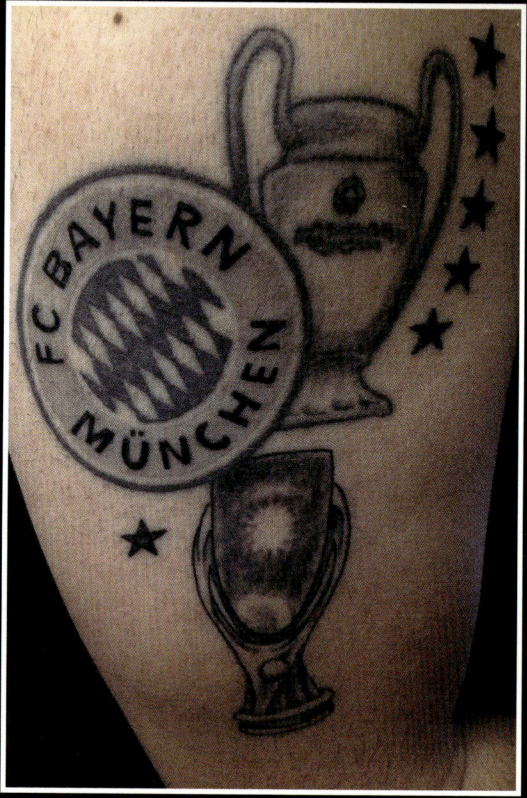
FC BAYERN
MÜNCHEN

BAYERN
MÜNCHEN

FC BAYERN
MUNCHEN

Mia San Mia

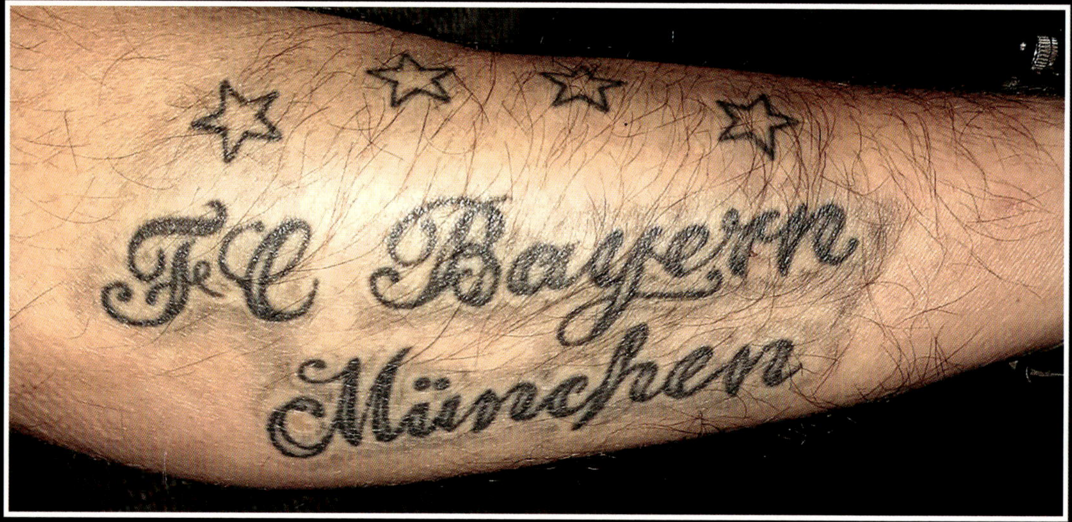
FC Bayern
München

Mia san mia

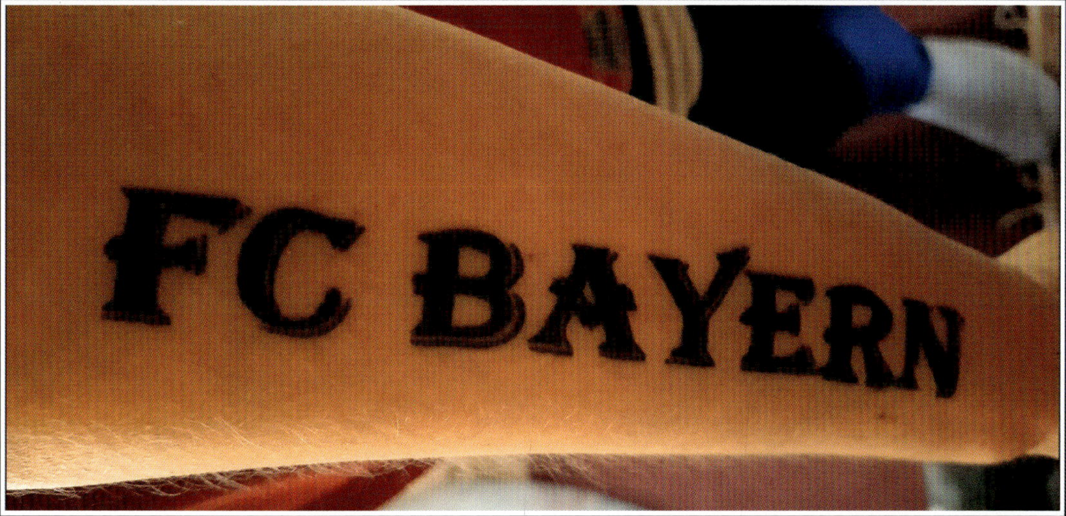
FC BAYERN

Mia san Mia

FC
BAYERN

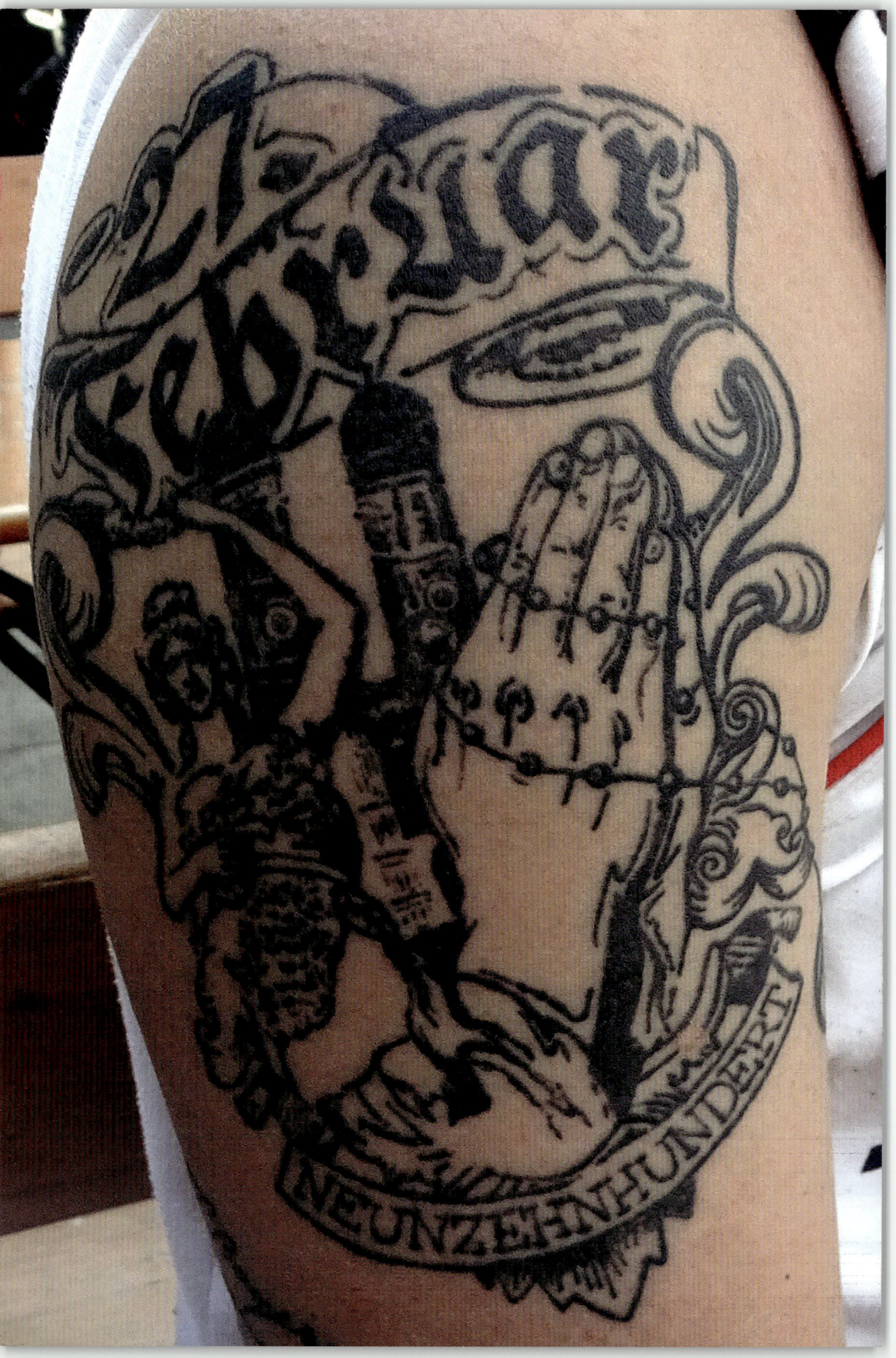
Februar
NEUNZEHNHUNDERT

27.
Februar
NEUNZEHNHUNDERT

FC BAYERN
MUNCHEN

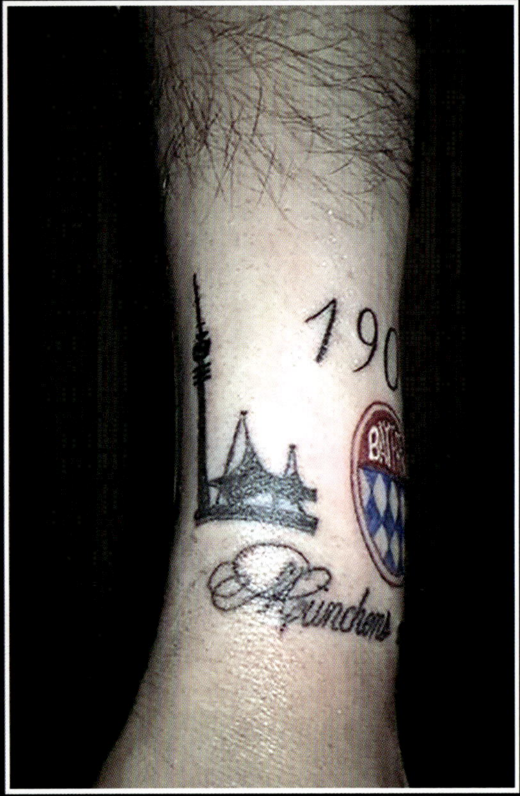
190

1900
BAYERN

FC BAYERN
MUNCHEN

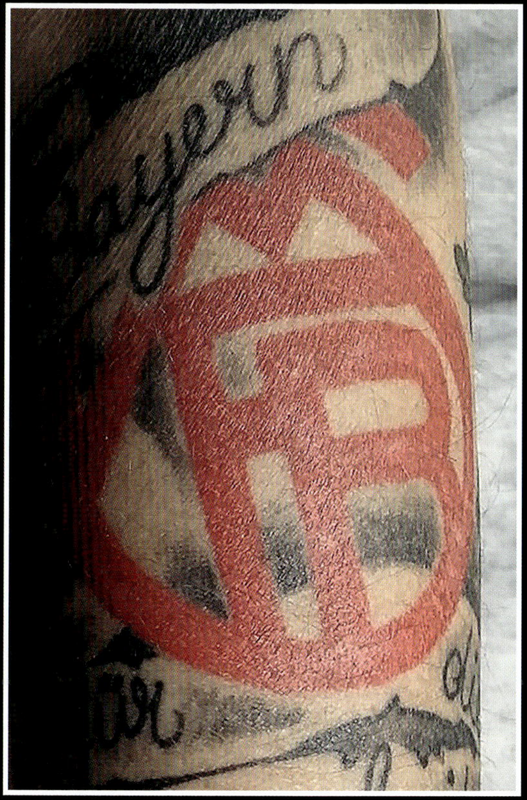

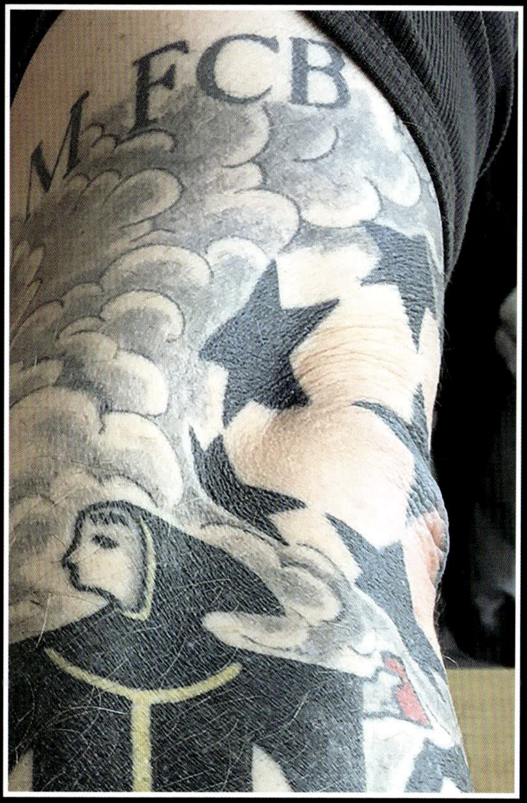
M.FCB

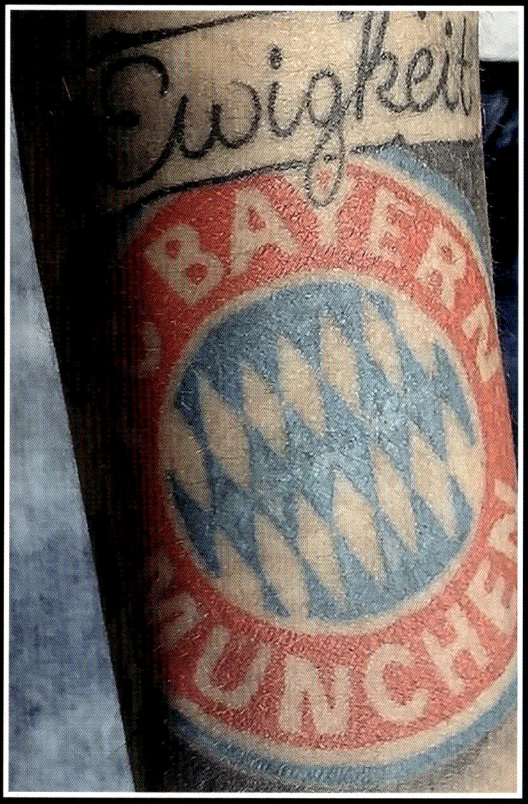
Ewigkeit
BAYERN

1900

Linda
05.11.92
Mandy
07.11.88

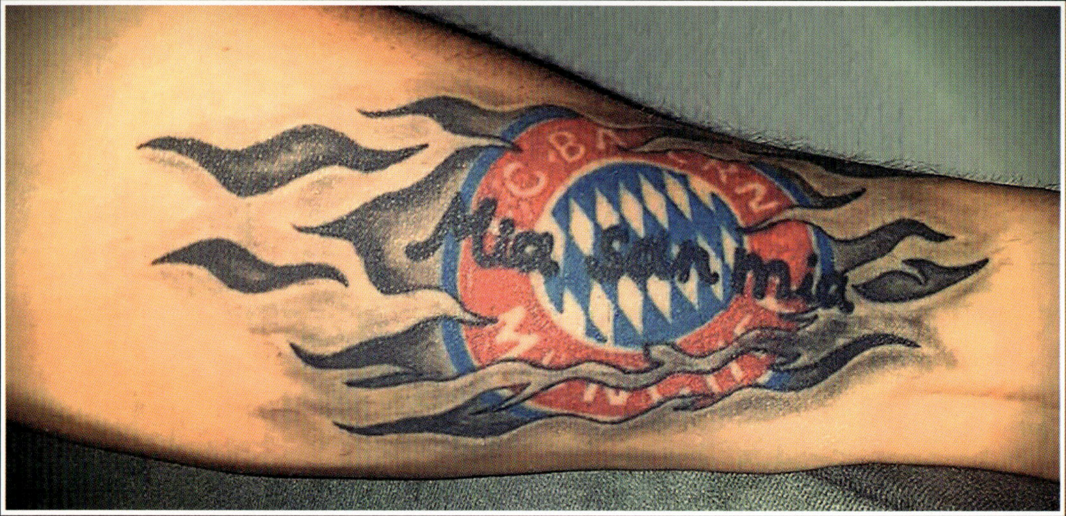
Mia san mia

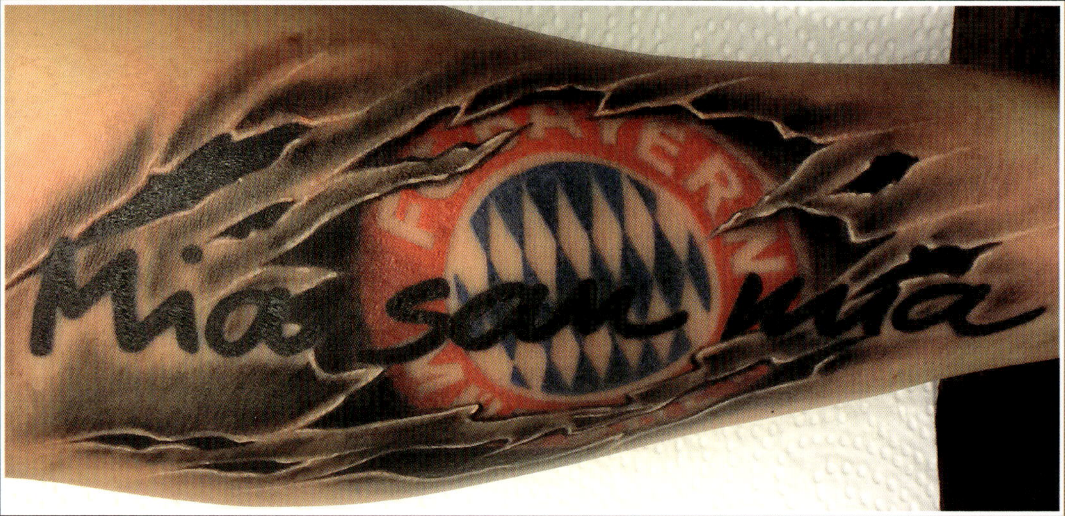
Mia san mia

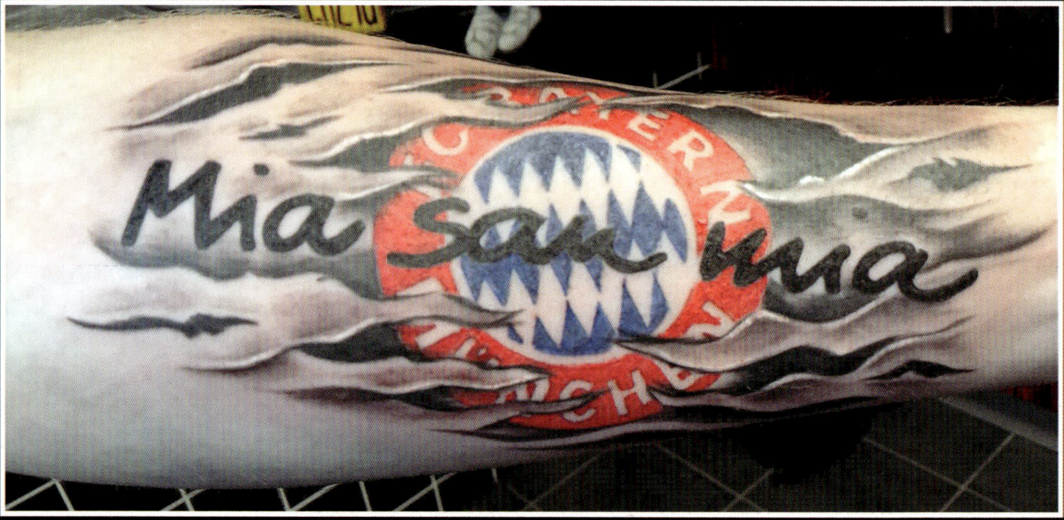
Mia san mia

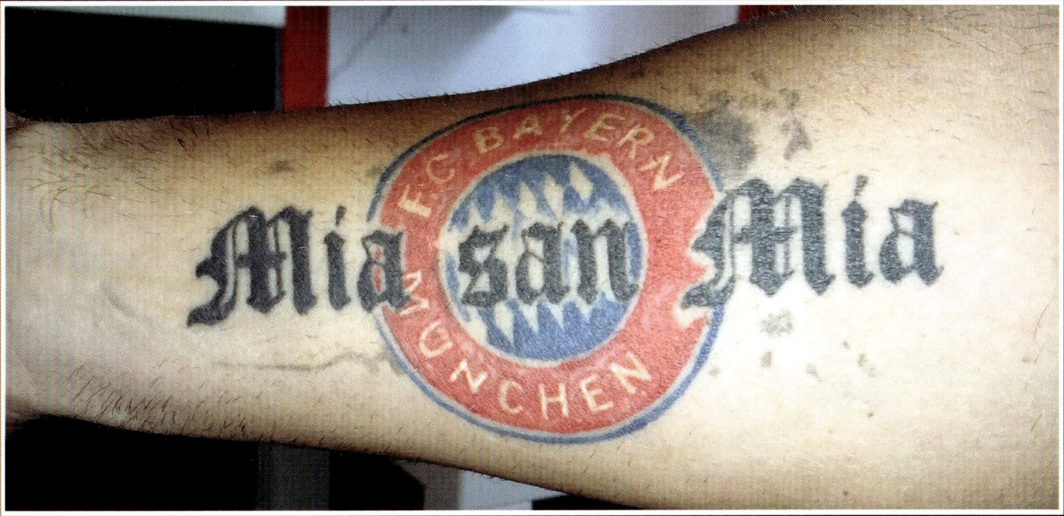
Mia san Mia
F.C. BAYERN
MÜNCHEN

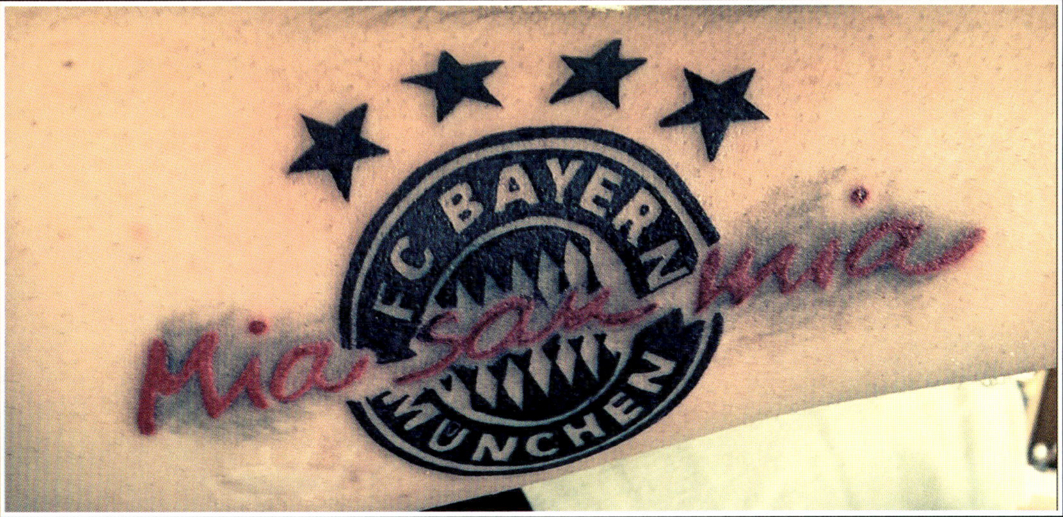
FC BAYERN
MÜNCHEN
Mia san mia

FC BAYERN
MÜNCHEN
FC BAYERN MÜNCHEN

FC Bayern

Mia san Mia

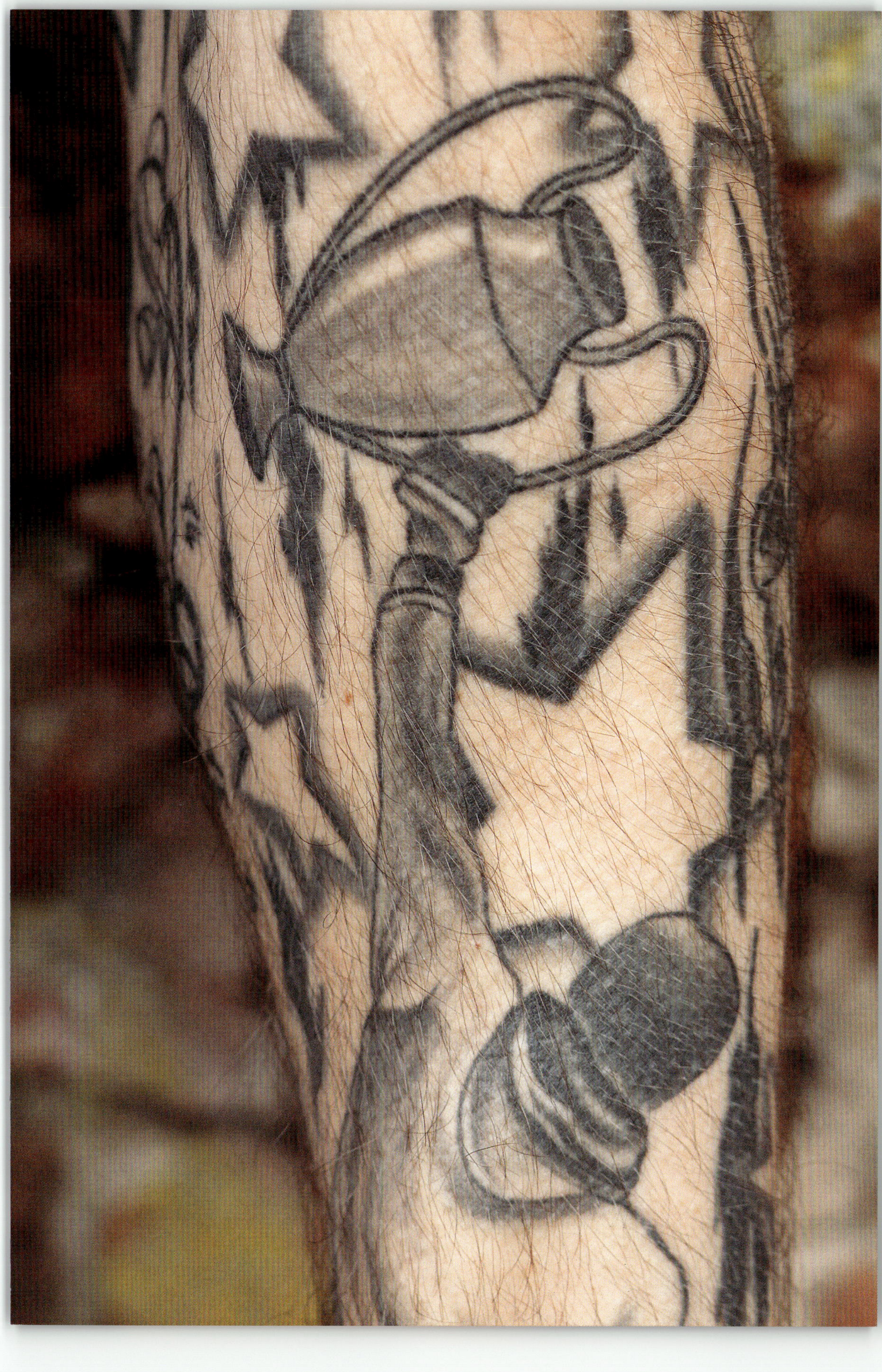

FC BAYERN MÜNCHEN
FCB REBELS

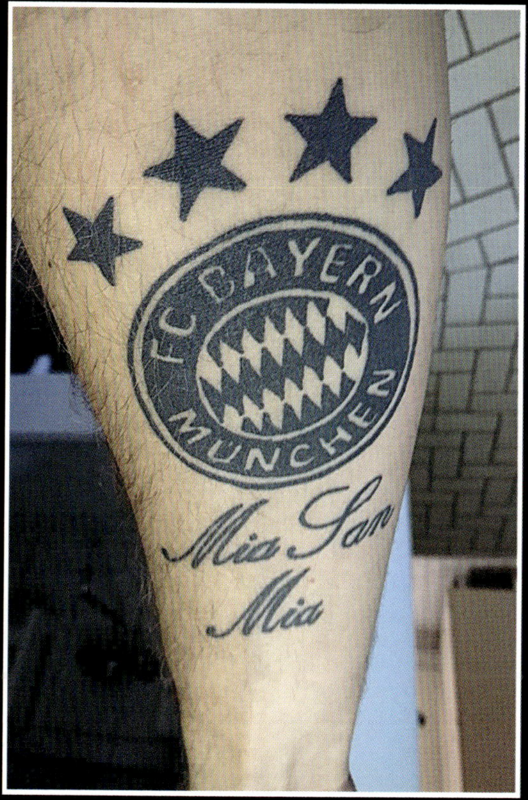
FC BAYERN
MÜNCHEN
Mia San
Mia
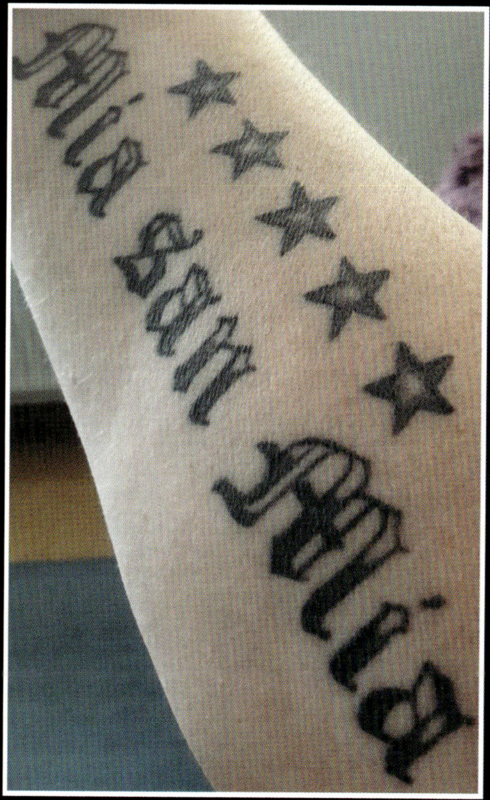
Mia san Mia
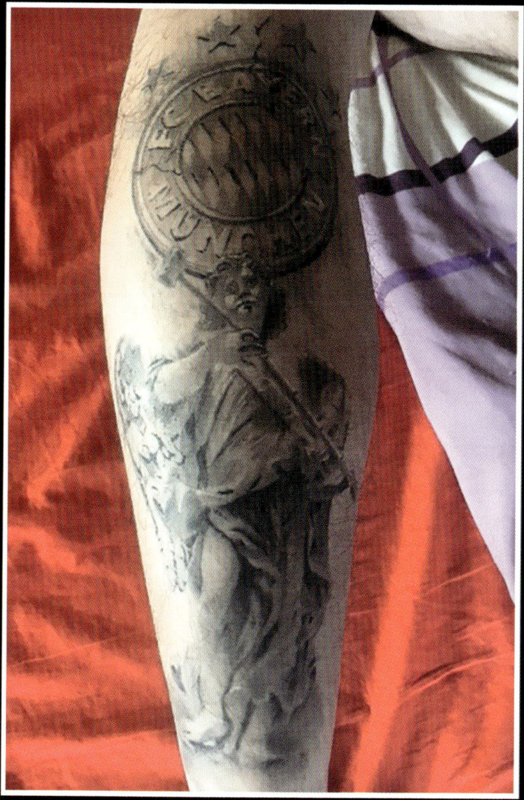
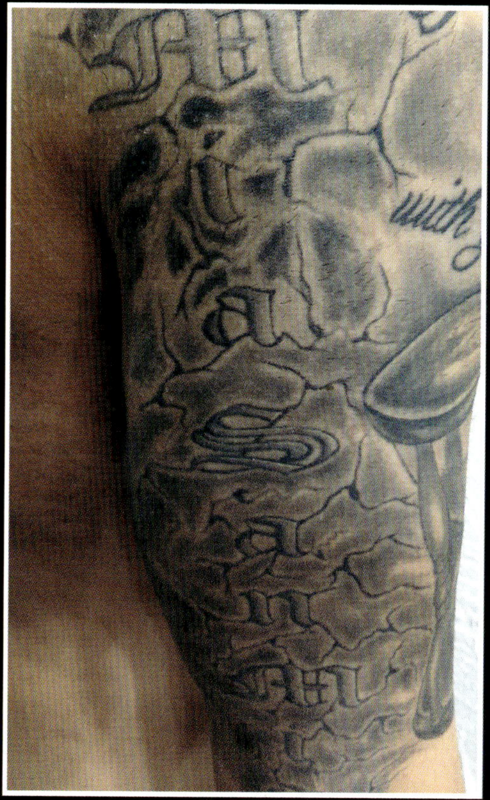

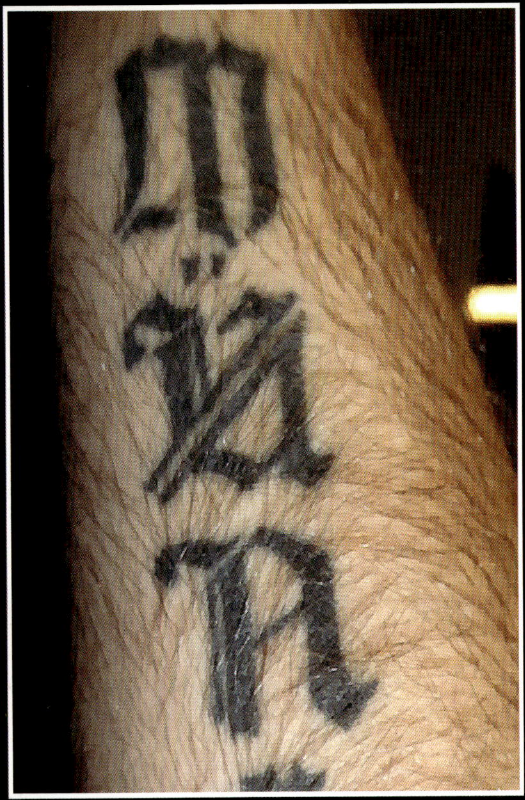

MFCB

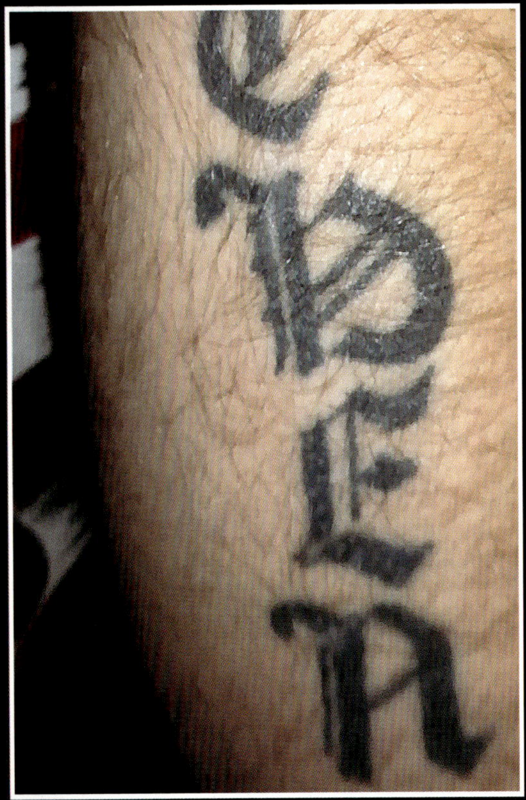

FC BAYERN
MUNCHEN

Bayern

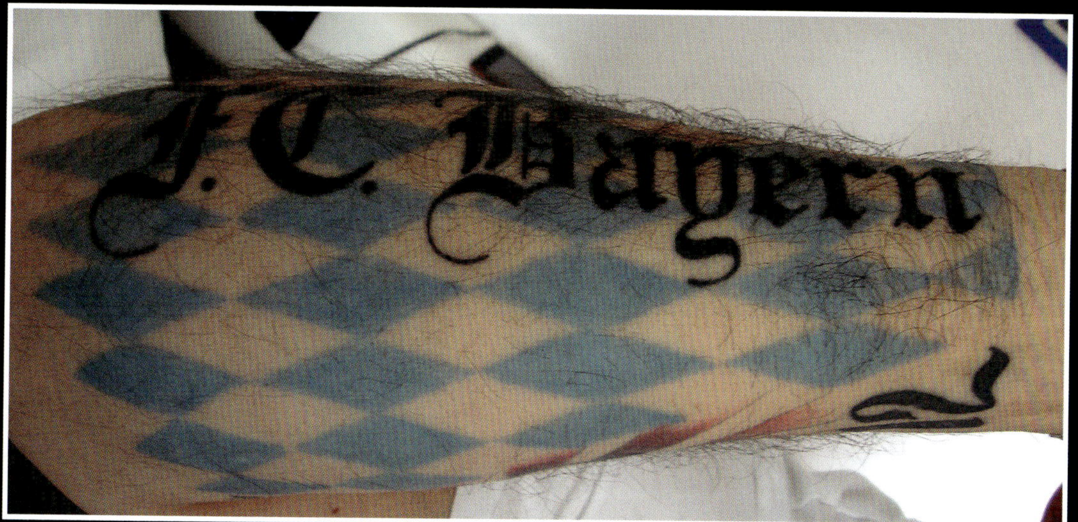
F.C. Bayern

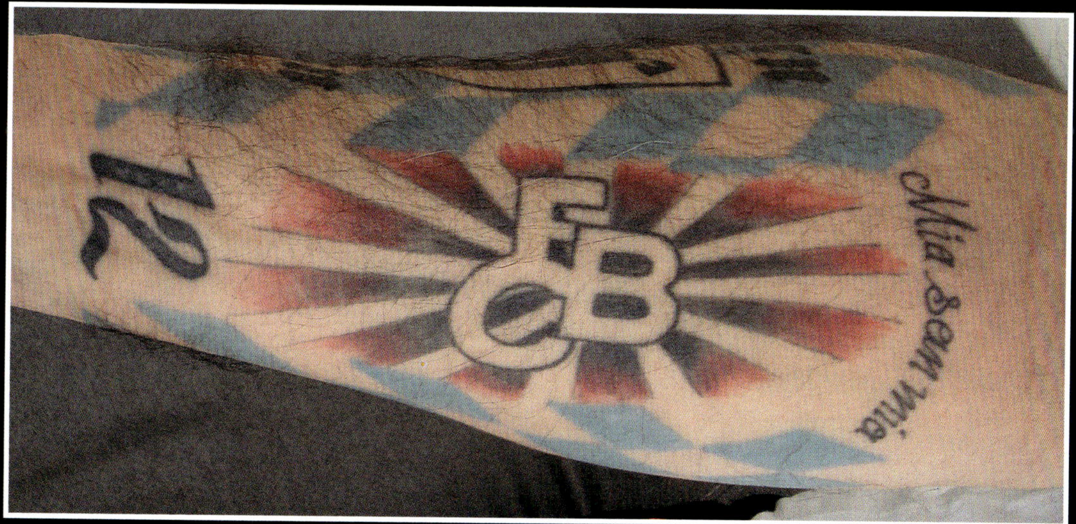
12
FCB
Mia san mia

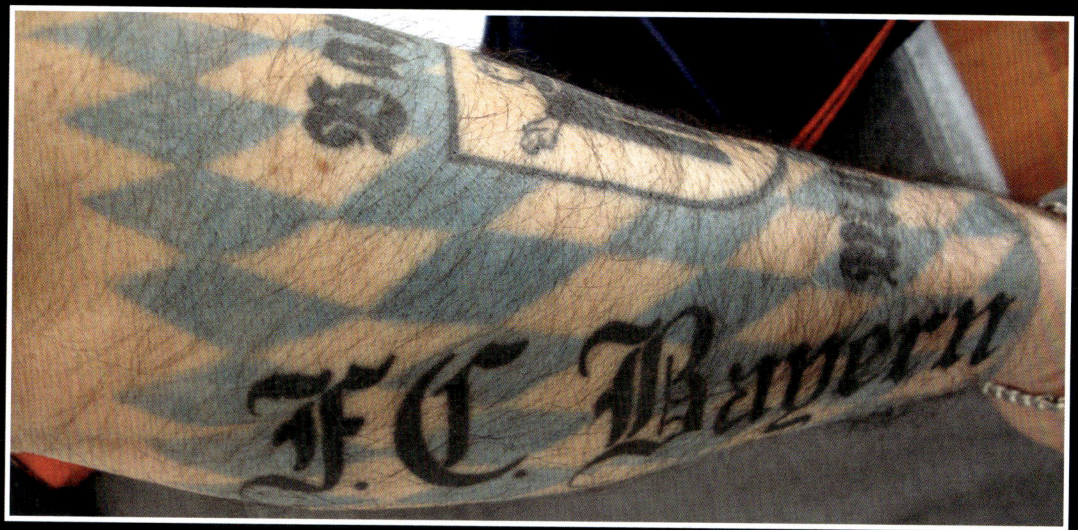
F.C. Bayern

FC Bayern München

Mia san mia

forever number one

Mia san Mia

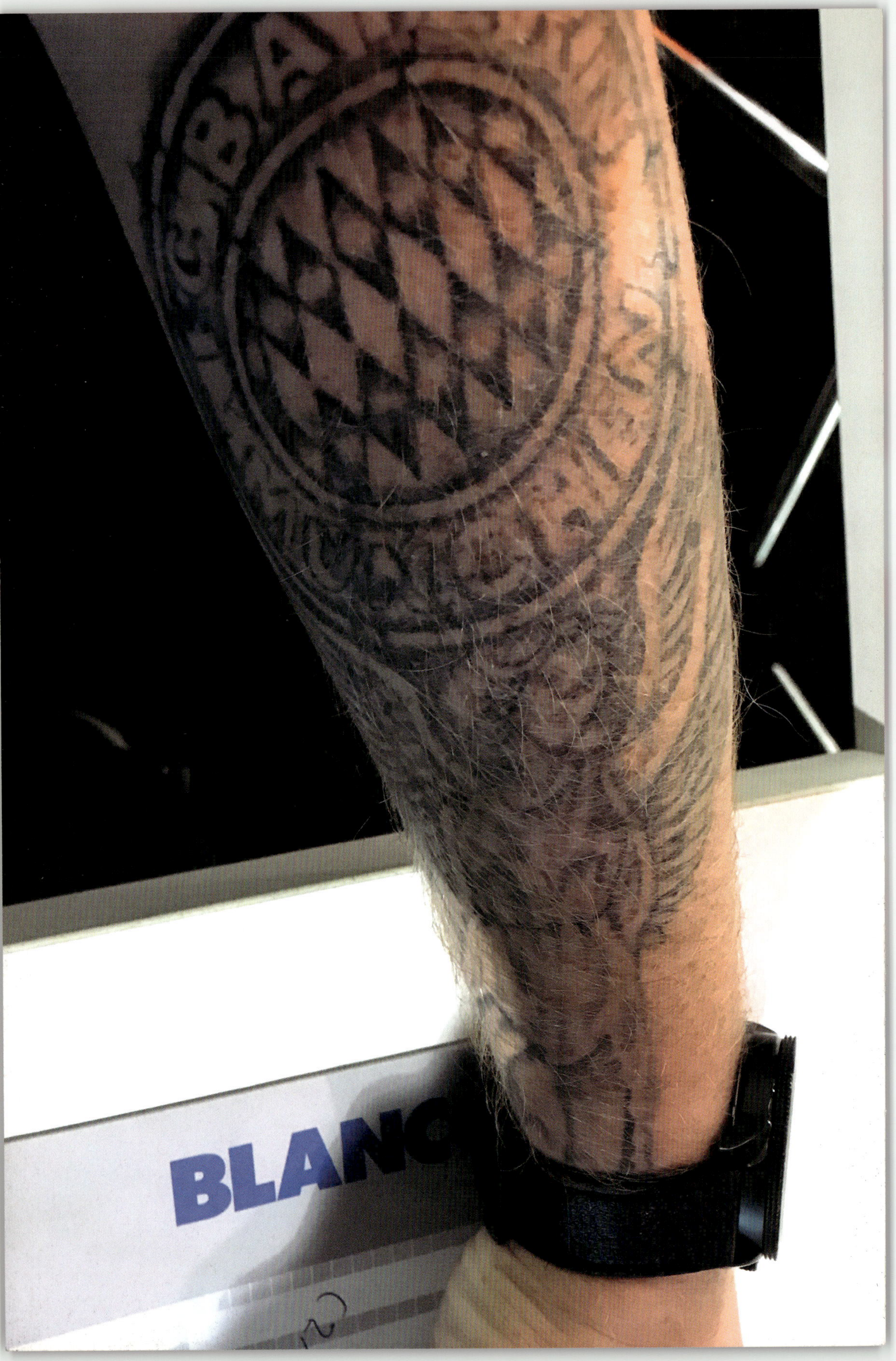

Bayern München
MIA SAN MIA

27 Februar
1900

F.C. BAYERN
MÜNCHEN E.V.
seit 1900

1900

1900

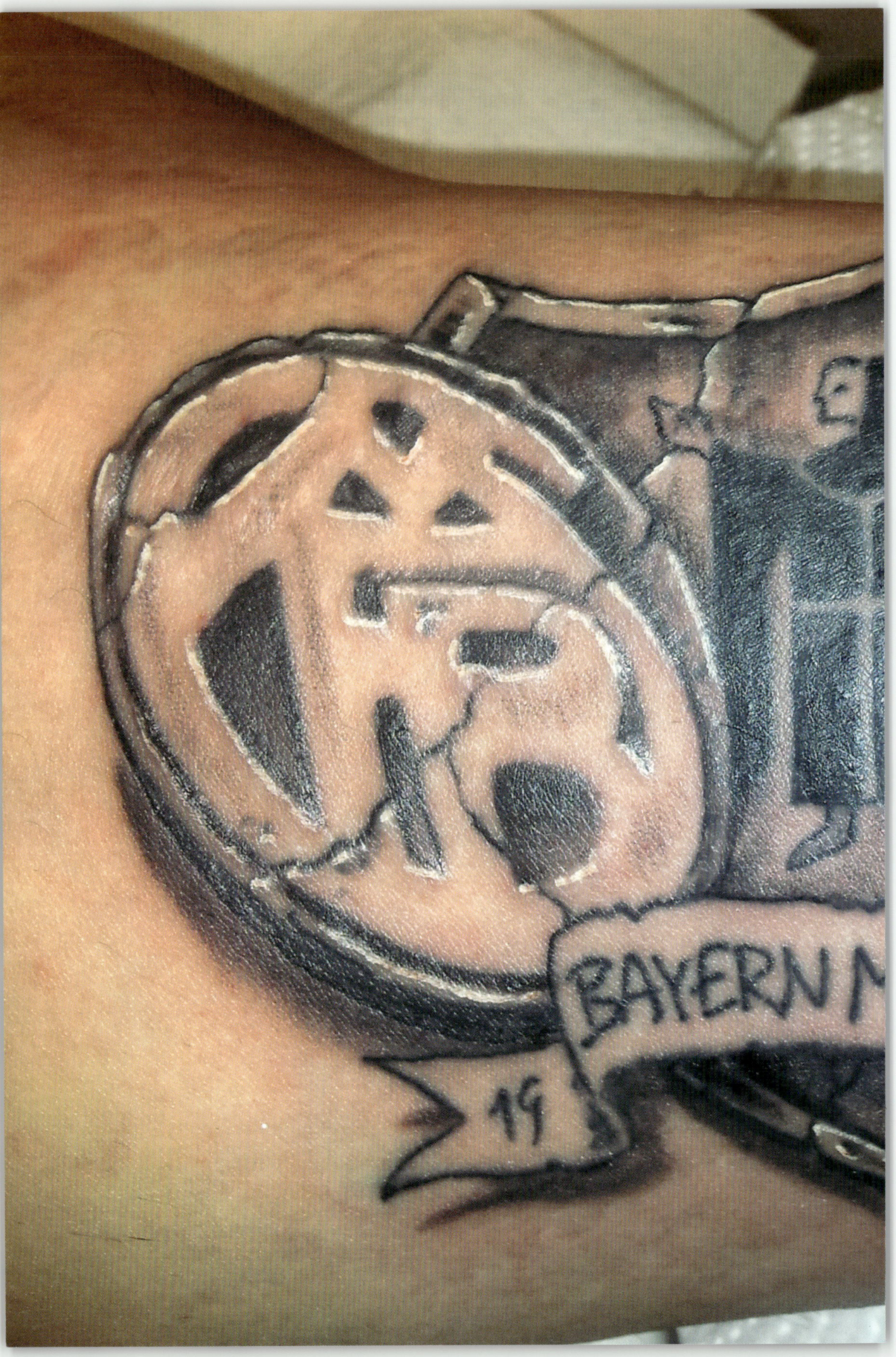
BAYERN M
19

FC BAYERN
MÜNCHEN E.V.

Champions of Europe
FC Bayern
Milano 2001
Wembley 2013

Mia san Mia
FC BAYERN MÜNCHEN

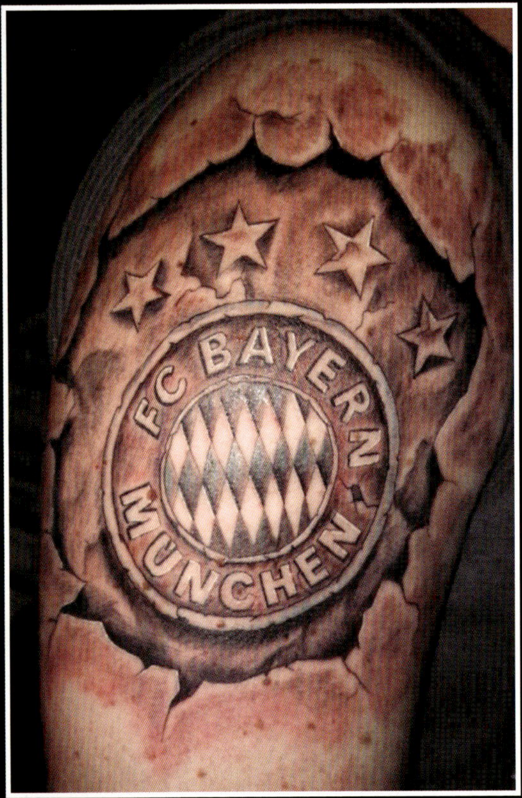
FC BAYERN
MÜNCHEN

FC BAYERN
MÜNCHEN
27.
Februar 1900

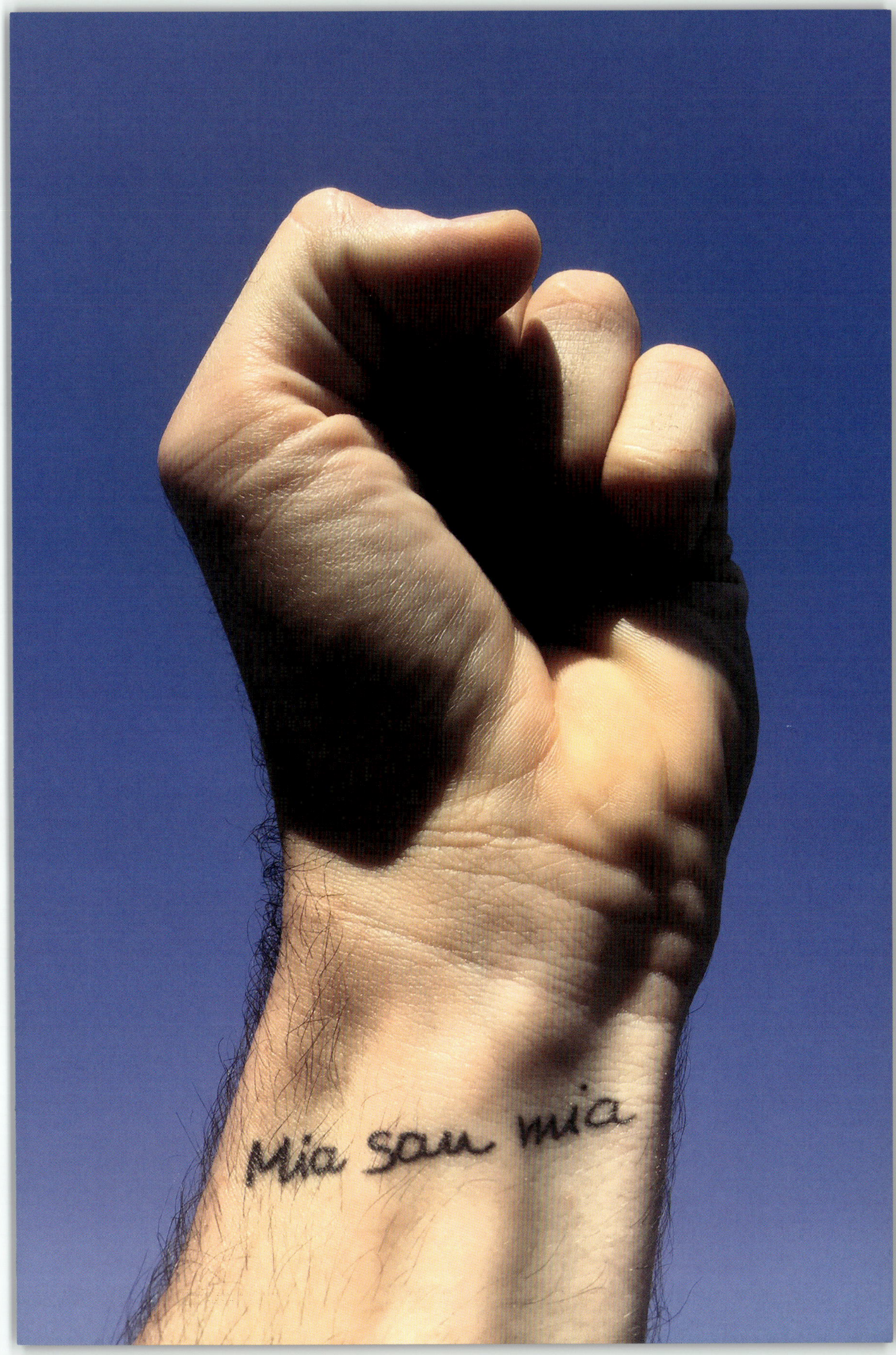
Mia san mia

05

INTERVIEW

3

#FOOTBALLPEOPLE
farenet.org
Fanprojekt München
Admiralbogen 41
Kontakt:
Mail:
Dienstag
Donnerstag
FAST IM KNAST
Fanprojekt München

»WIR LIEBEN MÜNCHEN,
JAWOLL!
WIR LIEBEN MÜNCHEN,
JAWOLL!

WIR LIEBEN MÜNCHEN,
JAWOLL!
OH - MÜNCHEN
FIND ICH TOLL!«

MIT HERZ UND SEELE FÜR DIE FANS DA!

INTERVIEW MIT JOCHEN KAUFMANN (LINKS) UND THOMAS EMMES (RECHTS) VOM FANPROJEKT MÜNCHEN

Seit 22 Jahren kümmert sich das Fanprojekt München auch um die Belange der aktiven Bayern-Fans. Im Interview erklären Fanprojekt-Leiter Jochen Kaufmann und Thomas Emmes den Sinn und Zweck ihrer Arbeit.

Für was genau steht das Fanprojekt München?
Jochen: Wir begleiten, betreuen und beraten die Bayern-Fanszene bei jedem Heim- und Auswärtsspiel. Unsere Hauptzielgruppe sind jugendliche und aktive Fußballfans. Wir sind eine vereinsunabhängige und sozialpädagogische Fanbetreuung. Man kann uns auch als Streetworker der Fanszene bezeichnen. Finanziert werden wir von Stadt, Land und DFL, wobei 50 Prozent des Geldes von der DFL kommen. Unser Träger ist die Arbeiterwohlfahrt München.

Wie seid ihr zum Fanprojekt gekommen? Seid ihr selbst auch Fans?
Jochen: Ich habe mich schon als Kind und Jugendlicher immer für Fußball interessiert. Über mein Studium kam ich dann zur Fan-Sozialarbeit. Ich bin zwar persönlich BVB-Anhänger, nehme jeden Fan jedoch unabhängig von seinen Vereinsfarben wahr. Sicherlich nicht so verkehrt als Leiter eines Fanprojekts, das mit zwei rivalisierenden Fanszenen arbeitet.
Thomas: Ich bin als Kind in den Siebzigern mit meinem Vater ins Stadion gegangen, bis ich Anfang der 80er-Jahre alt genug war, allei-

HERZ UND SEELE UNSERES VEREINS
FC BAYERN MÜNCHEN

Fanprojekt
München
AWO
WILIMOWSKI
100

F.C. BA
Viel Rauch um
(fast) nichts!
Derby überwiegend friedlich
BAYERN MÜNCHEN E.V.
Rote Karte für AWO-Arbeitgeber
F.C. BAYERN E.V.
BRAWO-INFO
URKUNDE
Dx

ne Spiele zu besuchen. Dann kam die Hooligan-Welle, die auch mich voll erwischt hat. Anfang der 90er-Jahre arbeitete ich dann als Helfer für Streetwork, bis 1995 das Fanprojekt installiert wurde. Seitdem arbeite ich Vollzeit im Fanprojekt München.

Was habt ihr seit eurer Gründung im Jahre 1995 erreicht?
Jochen: Seit Jahren steigen auf allen Ebenen die positiven Rückmeldungen: aus der Fanszene, dem Verein, den Sicherheitsbehörden und der Politik. Seit 2011 ist die Anzahl der MitarbeiterInnen von ehemals vier auf sieben Leute in Vollzeit angestiegen, aufgeteilt für die beiden Fanszenen der Münchner Fußballvereine. Wir sind eine fest etablierte Institution im Fußballkontext. Kein Wunder: Nur wir bringen schließlich die Sicht der Fans ein und vertreten deren Interessen. Für Polizei und städtische Behörden ist die Sicherheit natürlich relevanter.
Thomas: Wir setzen uns für die Belange der Fans ein, sind quasi deren verlängertes Sprachrohr. Geschehnisse rund um den Fußball versuchen wir neutral zu bewerten, ohne Vorverurteilung. Gelegentlich heben wir auch unseren pädagogischen Zeigefinger, ein kritischer Dialog ist uns wichtig. Wir stehen für Wertevermittlung und sind gegen Diskriminierung und Rassismus.

Wie stellt sich für euch aktuell die FCB-Fanszene dar?
Jochen: Wir arbeiten hauptsächlich mit jungen Erwachsenen aus der Ultra-Subkultur, der Schickeria, mit Hooligans und mit dem Club Nr. 12. Alles in allem mit der kompletten aktiven Fanszene aus der Südkurve. Wir begleiten und beobachten auf Wunsch auch Prozesse, geben Kontakte für Rechtshilfe. Alles auf freiwilliger Basis, fast immer für Jugendliche, die theoretische Altersgrenze liegt bei 27 Jahren.

Wie steht es mit dem Thema Gewalt? Gilt die Regel: Früher im Stadion, heute im Park?
Jochen: Ganz wichtig im Voraus: Pyroaktionen kann man nicht mit Gewalt gleichsetzen, wie es oft von Medien oder der Polizei dargestellt wird. Das allein ist keine Gewalt, solange man das Feuerwerk nicht zweckentfremdet und auf den Platz oder Personen wirft. Ich würde sagen, in der Münche-

ner Arena ist die Gewalt derzeit gleich null. Konflikte beobachten wir höchstens mit Ordnungsdienst oder Polizei, wobei auch hier die Anzahl in München eher gering ist. Was aber nicht heißt, dass es keine gewaltbereite Szene gibt. In der Ultra-Subkultur spielt Gewalt auch eine Rolle, ist aber unterschiedlich ausgeprägt. Es gibt verschiedene Strömungen in der Gruppe, es gibt ganz entspannte Fans, dann wieder welche, die aktiv suchend sein können. Es kommt auch auf den jeweiligen Gegner an. Traditionelle Feindschaften gibt es mit Nürnberg und Stuttgart, sowie mit den Blauen in der Stadt. Gewalt ist für Ultras ein toleriertes Mittel, um Interessen durchzusetzen und Konflikte zu lösen.

Thomas: 90 Prozent der Spiele laufen in einer angenehmen Atmosphäre ab. Mit lebendigem Support und schönen Gesängen.

Welche Erfahrungen habt ihr in Sachen Tattoos gesammelt? Liegen tätowierte Bayern-Fans im Trend?

Jochen: Tätowierungen gehören zur Identifikation mit dazu. Viele, mit denen wir zu tun haben, sind tätowiert, und zwar mit klarem Vereins- und Stadtbezug. Tattoos sind angesagt, und die Zahl der Träger ist bundesweit deutlich angestiegen. Die Fans wollen ihre Botschaft eben auch nach außen tragen.

Thomas: Auch ich selber trage Tattoos mit Fußballbezug. Allerdings würde ich mich heute nicht mehr tätowieren lassen. Es ist zu sehr Mainstream geworden. Früher waren nur sehr wenige tätowiert, heute ist jeder Hipster bis zum Hals zugestochen.

Welche Ziele habt ihr aktuell und in Zukunft?

Thomas: Abseits unseres Fußball-Streetworker-Alltags planen wir, dass die selbst entwickelte Fankultur-Ausstellung mit der Fanszene des FC Bayern auf Tournee gehen soll. Außerdem bieten wir Stadtführungen mit Fußballbezug in München an. Es existiert ein Projekt im Olympiastadion für Münchner Schulkassen zum Thema Gewalt, Sucht und Schulden, genannt »Lernen mit Kick«.

Jochen: Ebenso schaffen wir erlebnispädagogische Angebote in

»90 PROZENT DER SPIELE LAUFEN IN ANGENEHMER ATMOSPHÄRE AB.«

der Sommer- und Winterpause für unsere Fanszene und haben alle zwei Monate eine eigene Radiosendung bei Radio Lora mit fußballfanspezifischen Themen. Das größte Projekt ist derzeit die Organisation und Planung einer größeren Gedenkstättenfahrt im Jahr 2018.

Wer Interesse an der Arbeit und den Angeboten des Fanprojekts München hat, wendet sich an:

Fanprojekt München
Admiralbogen 41
80939 München
(nur wenige Gehminuten von der Allianz Arena entfernt)

06

BEINE

2013

»GESTERN NOCH IN KIEW.
MORGEN SCHON IN WIEN.
ZUSAMMENHALTEN,
DAS IST UNSER ZIEL.
WIR SIND AUS MÜNCHEN.

WIR SIND DIE BAYERN.
WIR SIND DIEJENIGEN,
DIE IMMER WIEDER FEIERN.
OLÉ OLÉ ...«

FC BAYERN
MÜNCHEN
Euer Hass
ist unser
Stolz

FC BAYERN
MÜNCHEN

FC BAYERN
MÜNCHEN

FC BAY
NCHEN

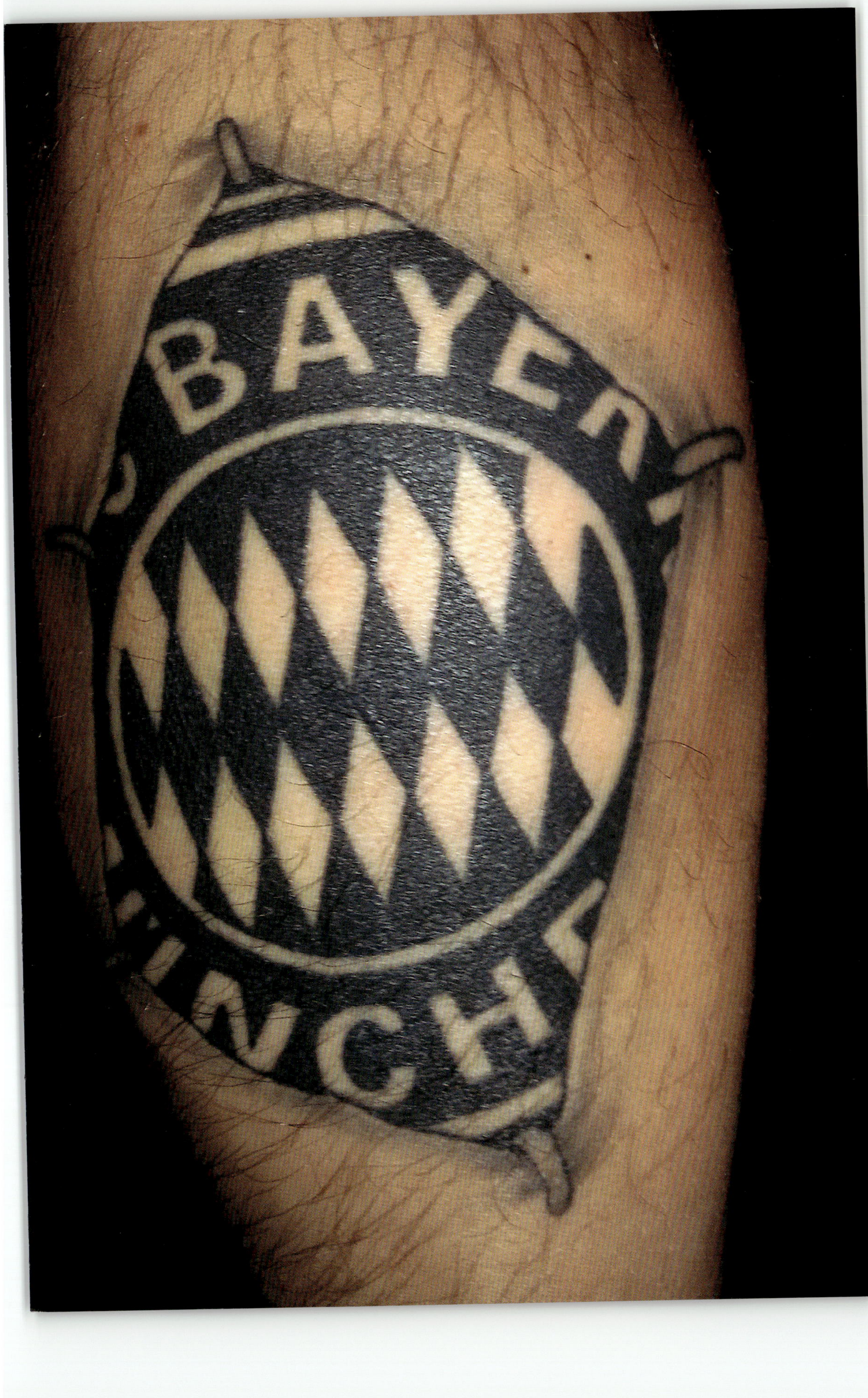

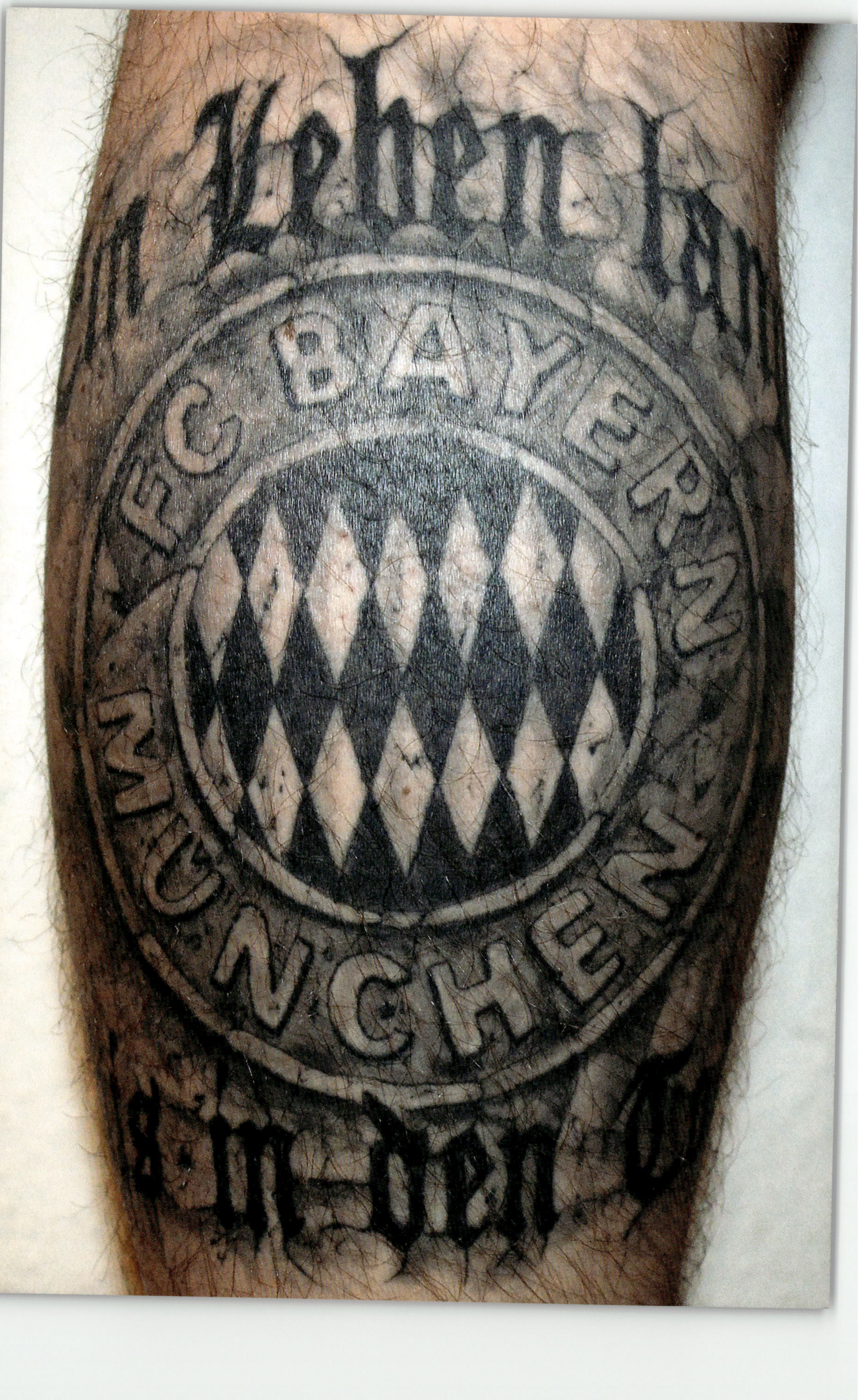
Leben
FC BAYERN
MUNCHEN
in den

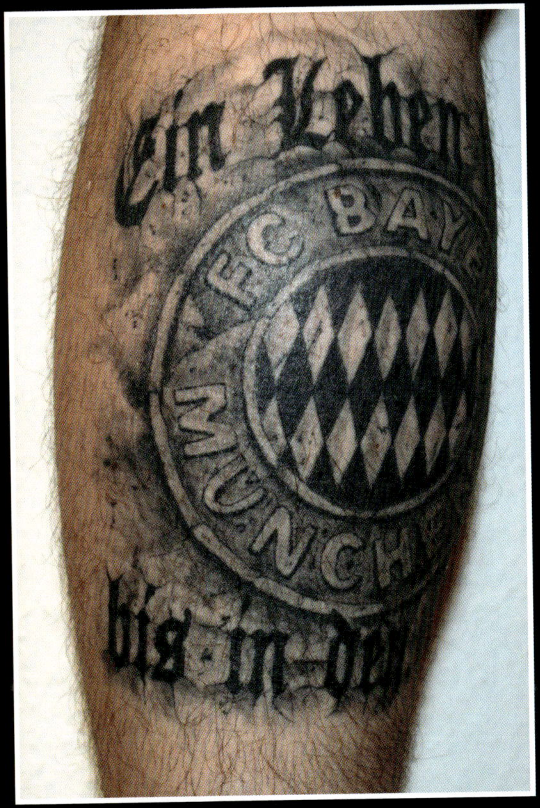
Ein Leben
FC BAY
MÜNCH
bis in den

Leben lang
BAYERN
CHEN
den Tod

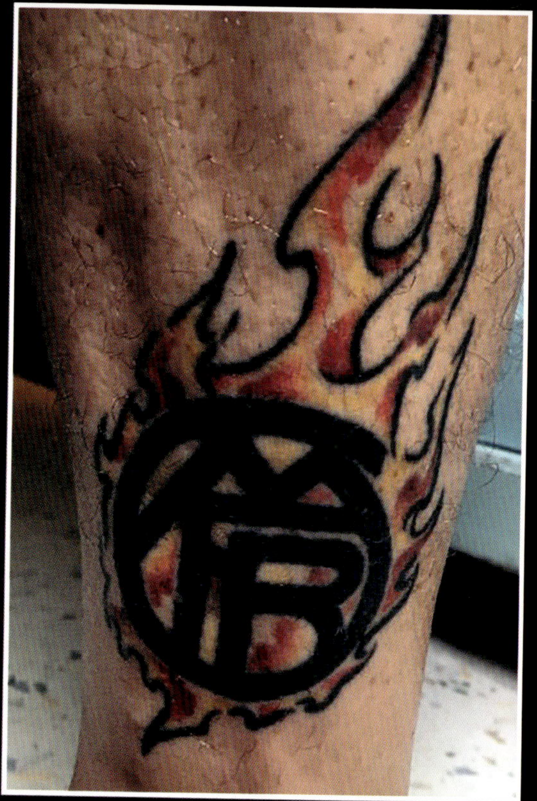

MIA SAN MIA

münchen

25.05.13

München

MÜNCHEN

Bayern
München

san

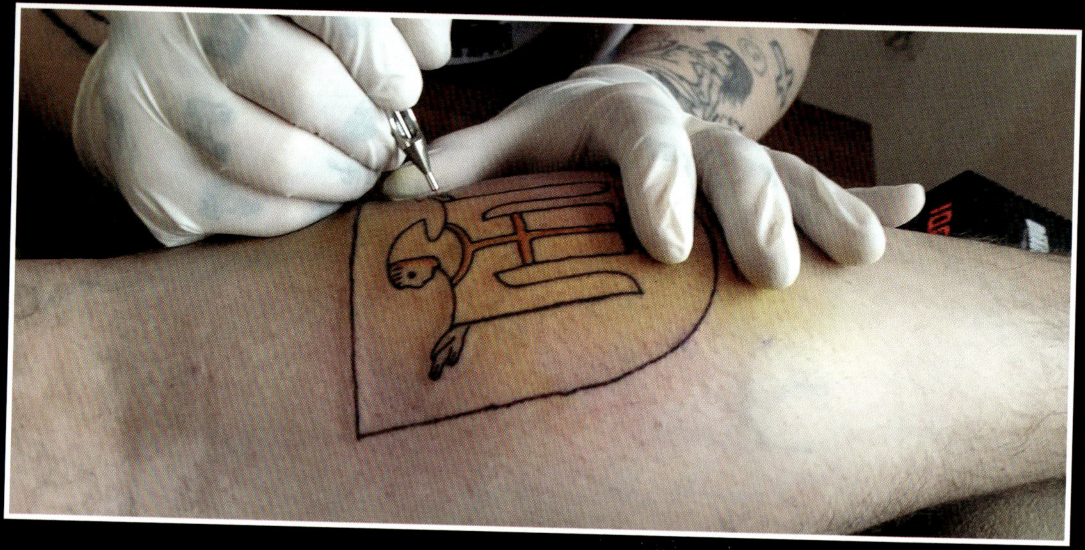

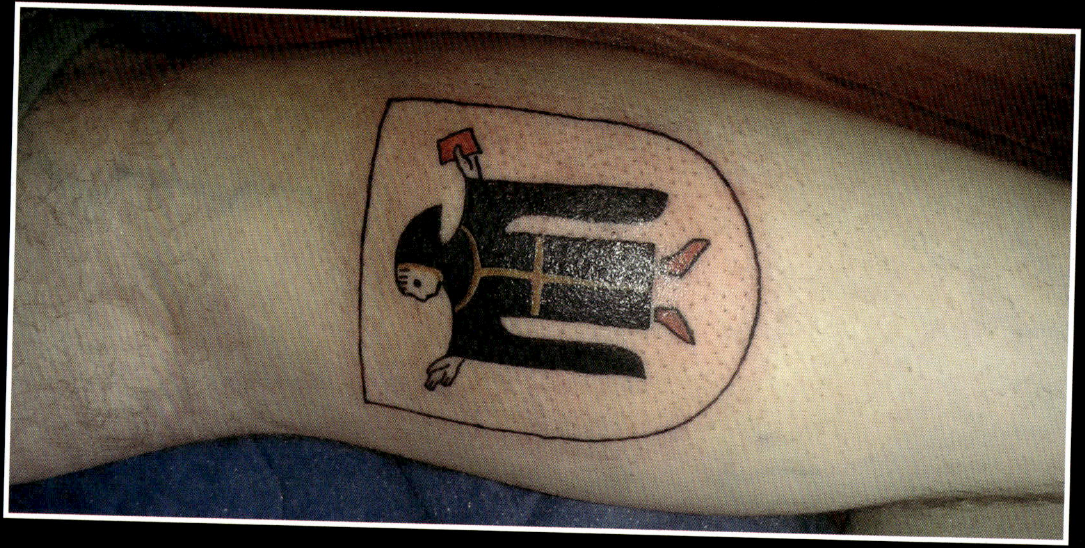

Mia
san
Mia

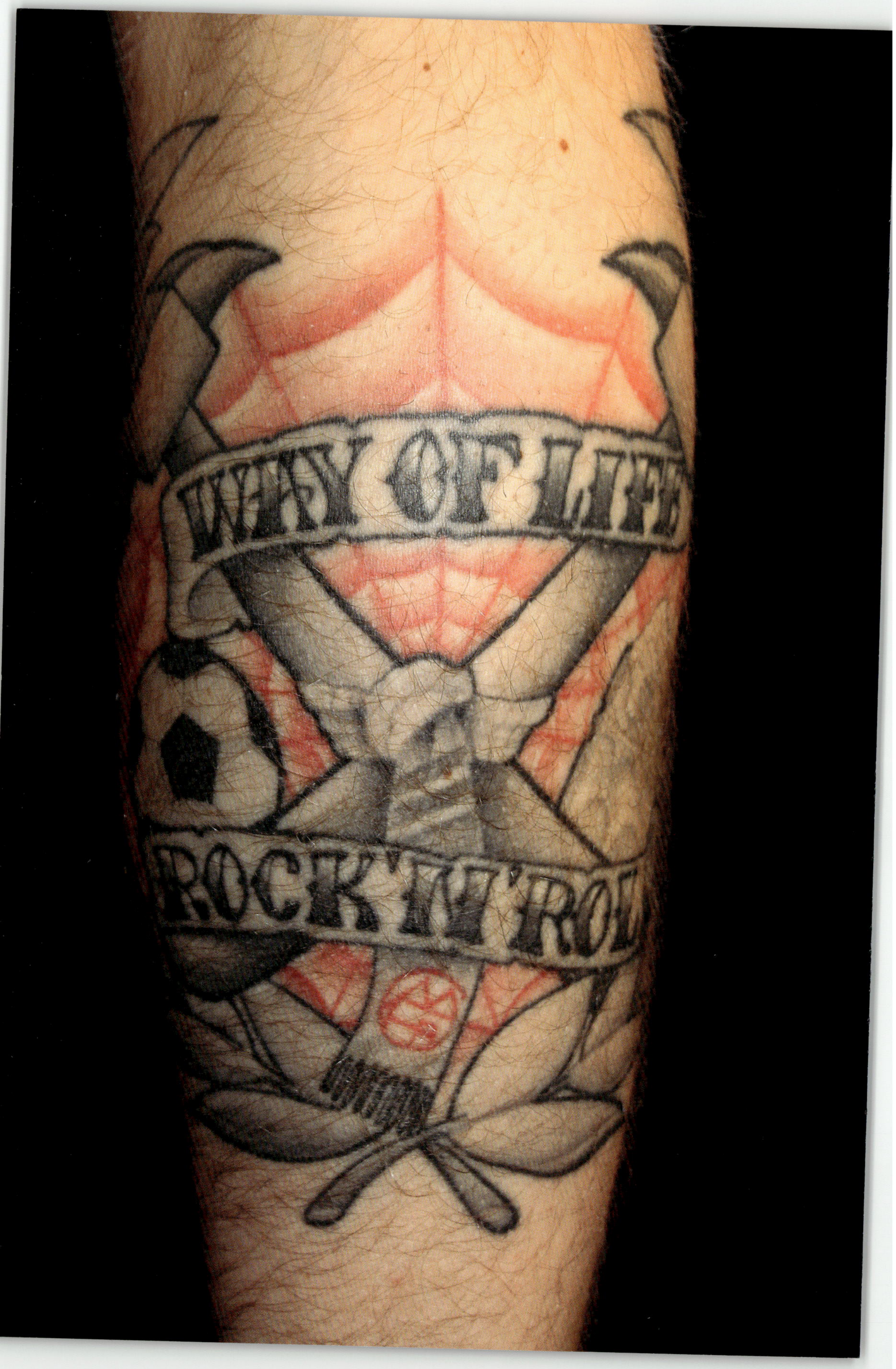
WAY OF LIFE
ROCK'N'ROL

F LIFE

FC BAYERN
MÜNCHEN

Mia san mia
FC BAYERN
MÜNCHEN
Triple Sieger 2013

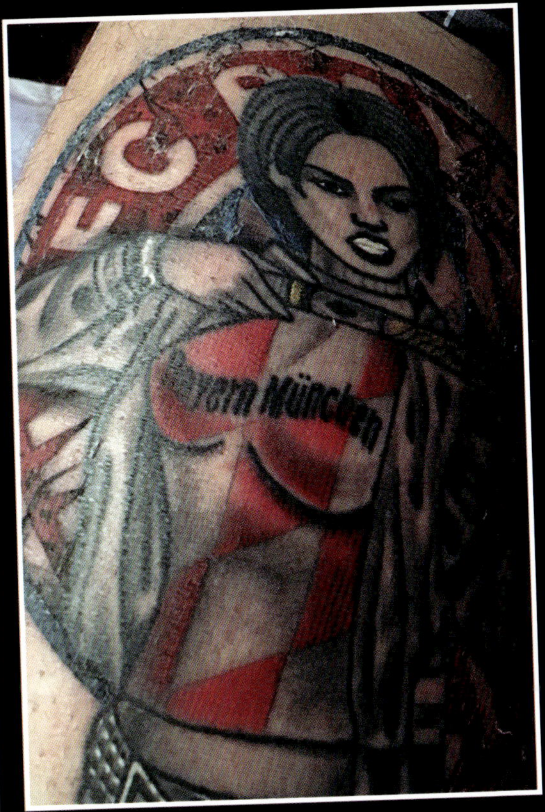
Bayern München

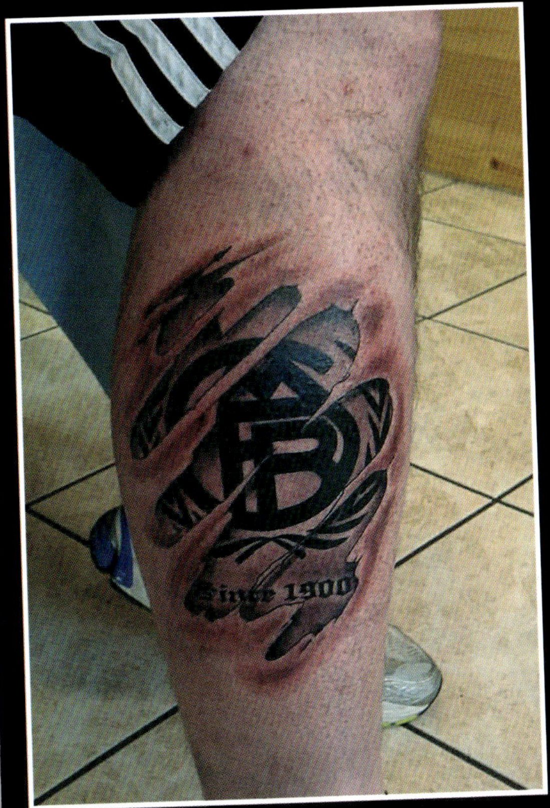
Since 1900

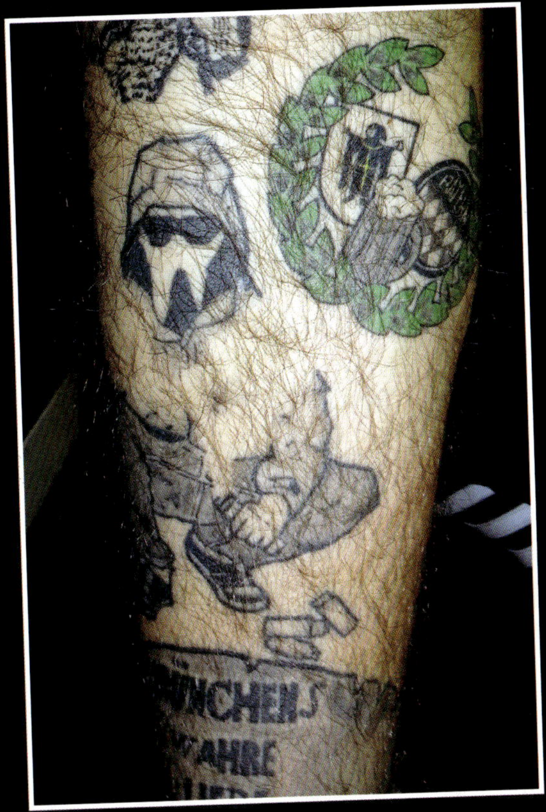

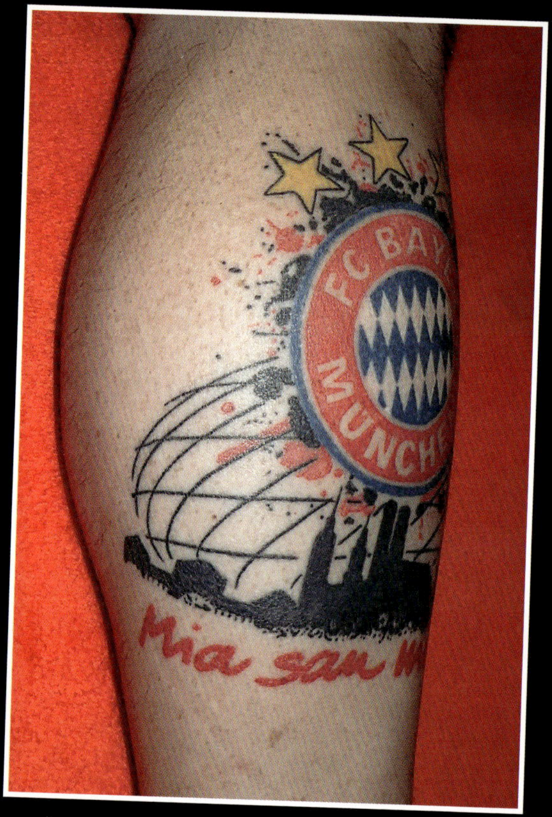

FC BAYERN
MÜNCHEN

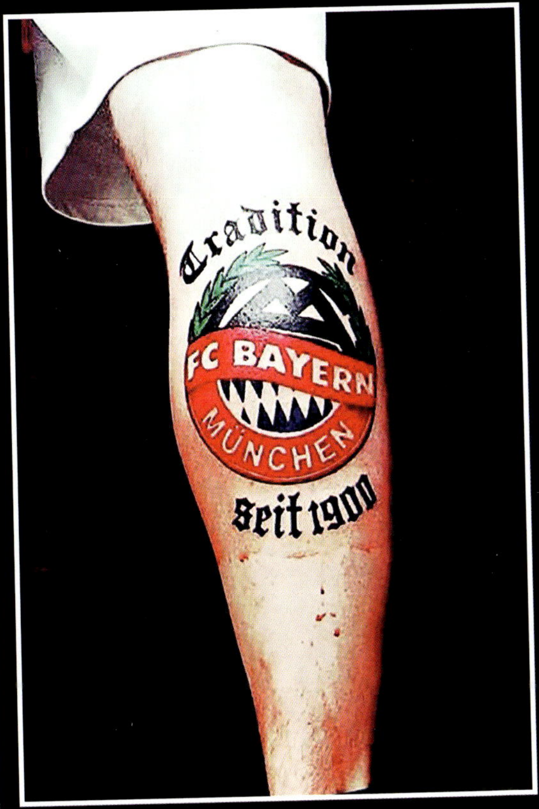
Tradition
FC BAYERN
MÜNCHEN
seit 1900

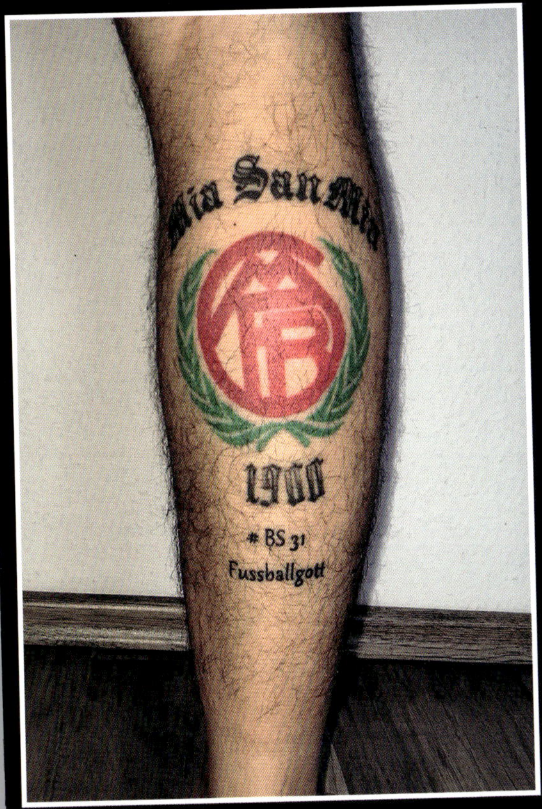
Mia San Mia
1900
BS 31
Fussballgott

Bayern
München
für die

27. Februar

Mia San Mia
FC BAYERN
MÜNCHEN

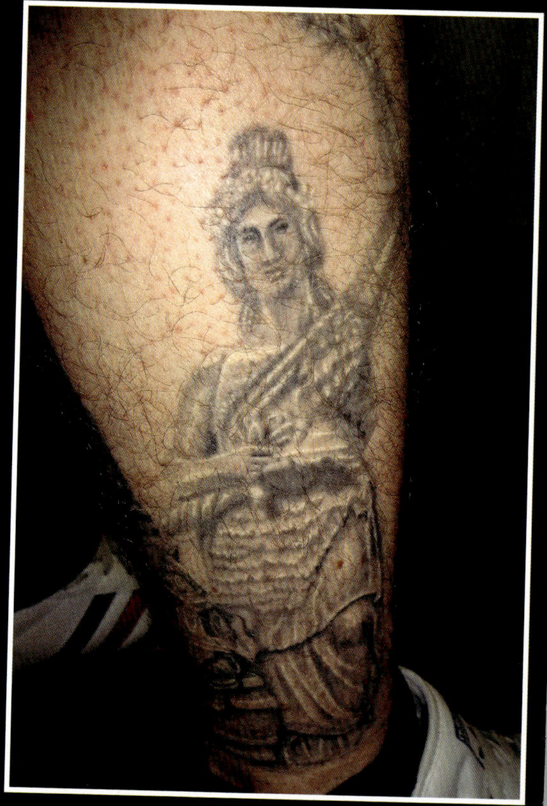

27. Februar

27. Februar
Neunzehnhundert

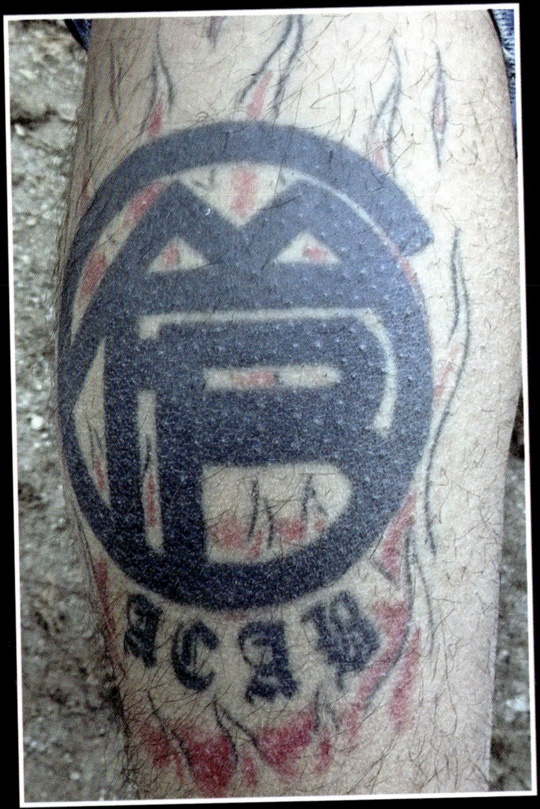
ACAB

Mia san mia
MÜNCHEN

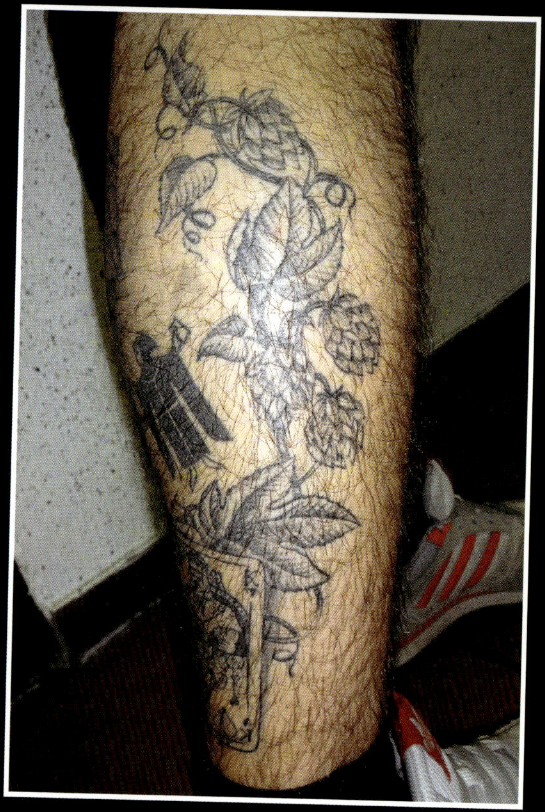

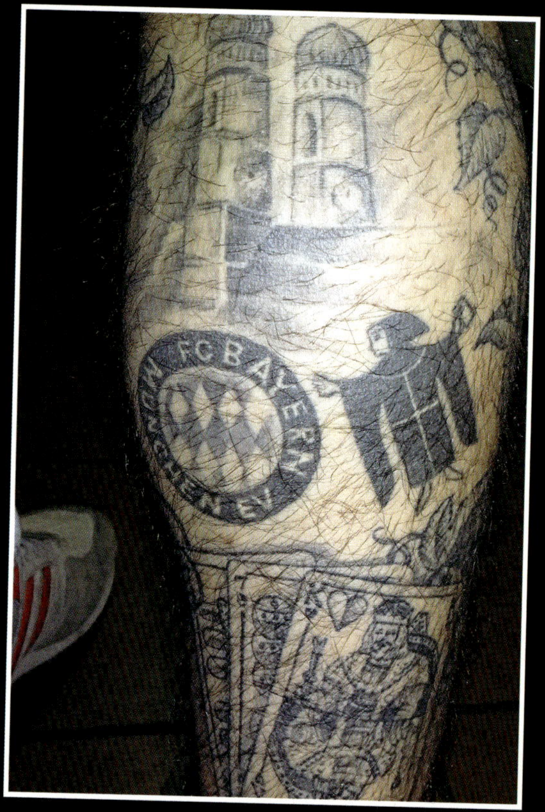

BAYERN
MÜNCHEN

in Bavaria
SINCE 193

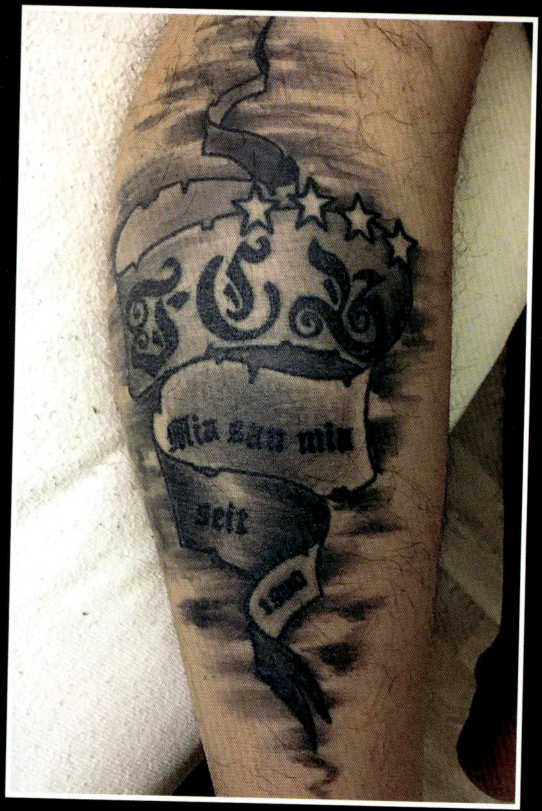
Mia san mia
seit

Rot und Weiss
FC BAYERN

27.02.1900
München

ein Leben lan

FC BAYERN
und weiß ein Leben
BAYERN

1900

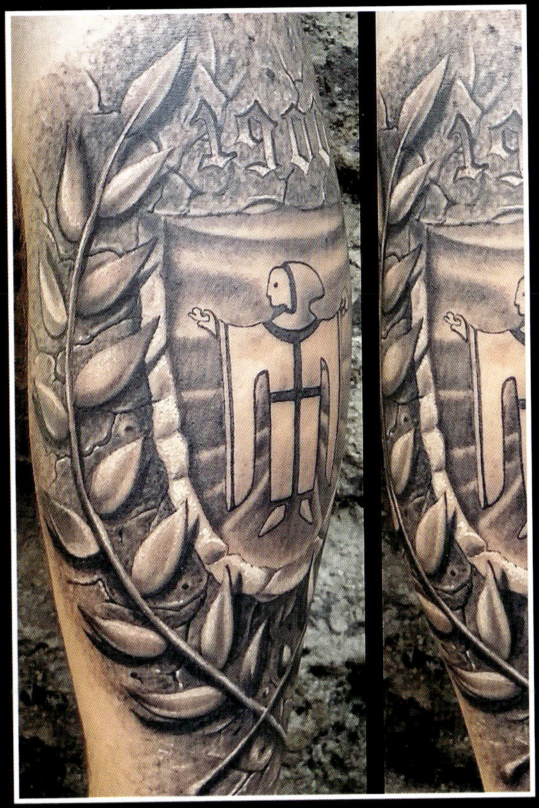

BAYERN
MÜNCHEN

München
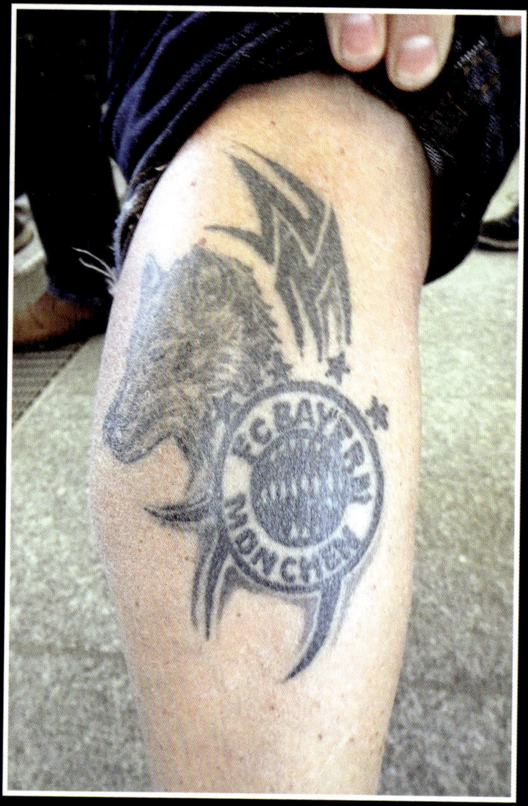
FC BAYERN
MÜNCHEN

FC BAYERN
MÜNCHEN

FC BAYERN
MÜNCHEN

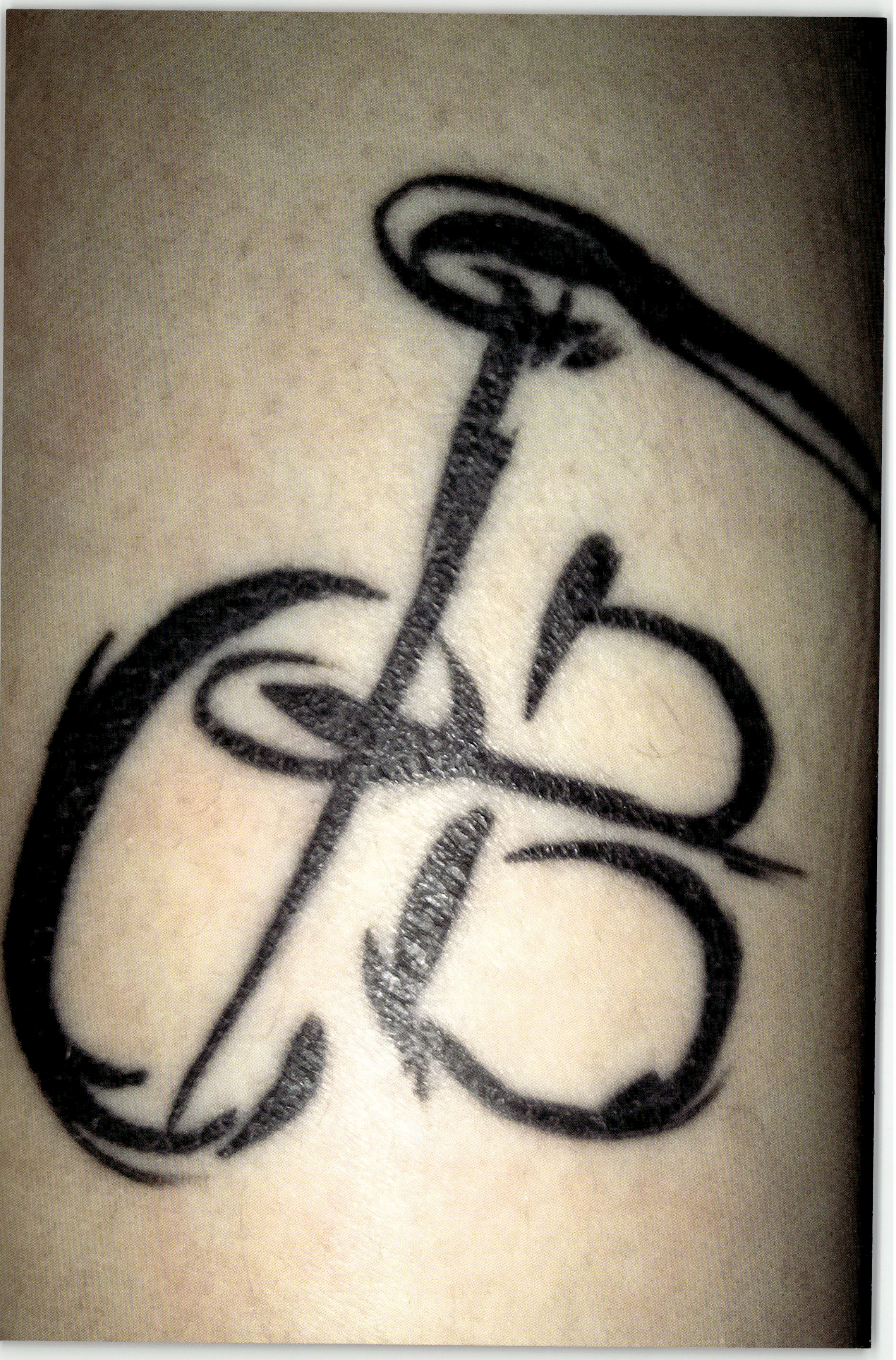

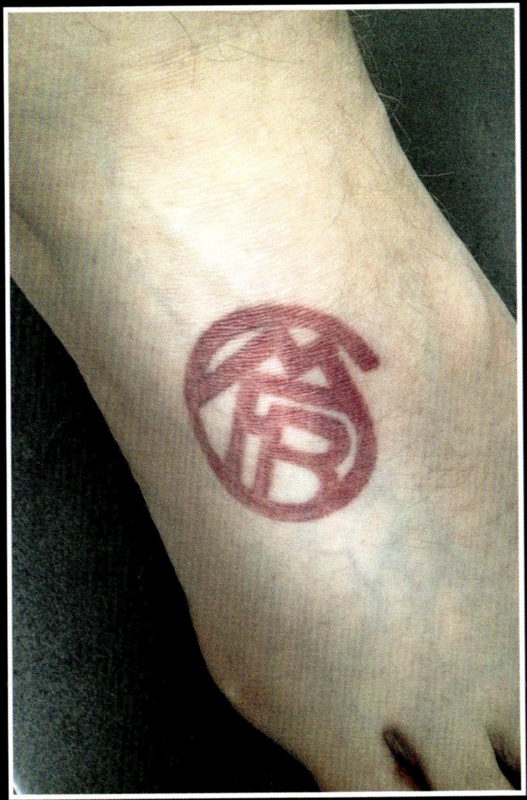

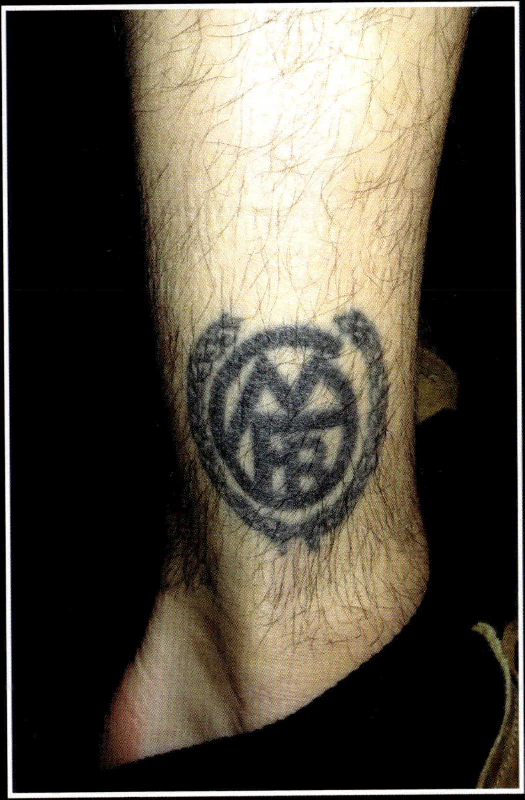

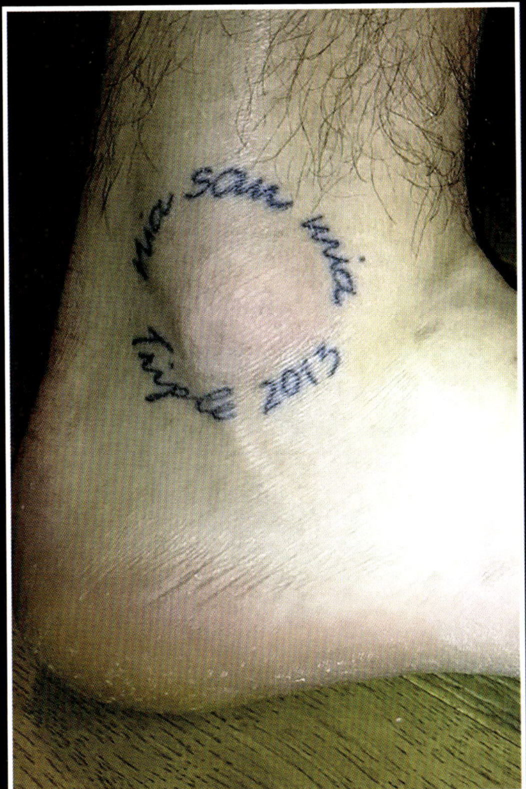
mia san mia
Triple 2013

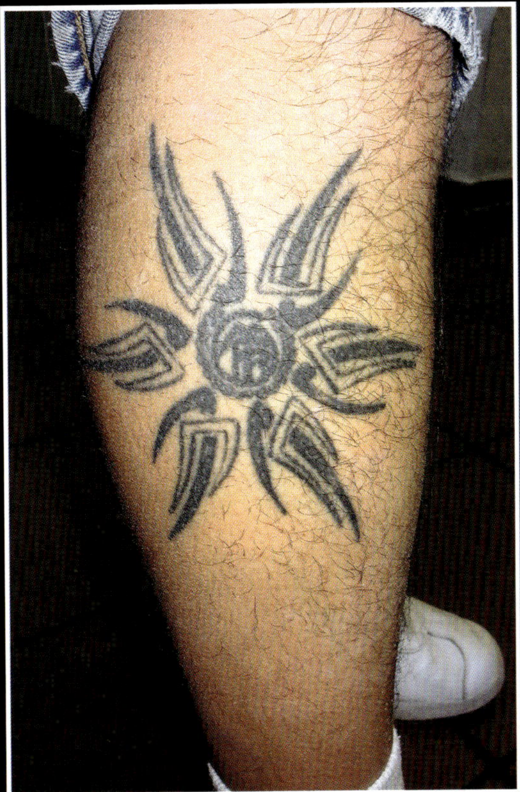

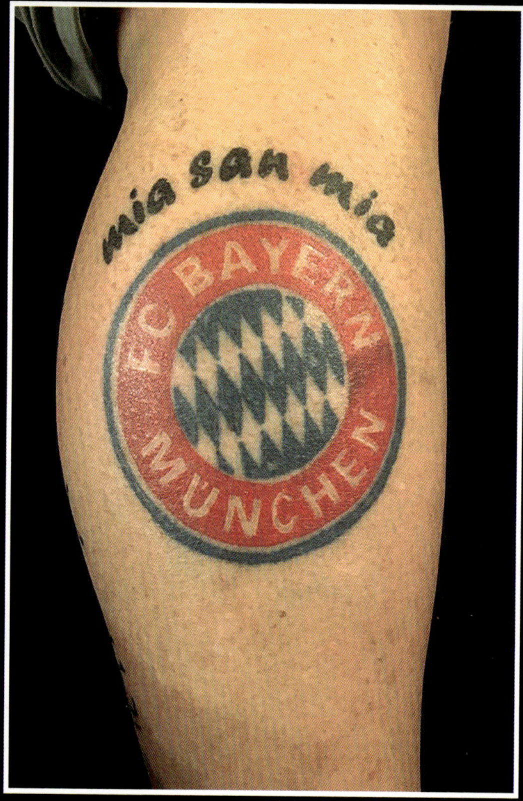
mia san mia
FC BAYERN
MÜNCHEN

FC BAYERN
MÜNCHEN
Mia san mia

Mia San Mia

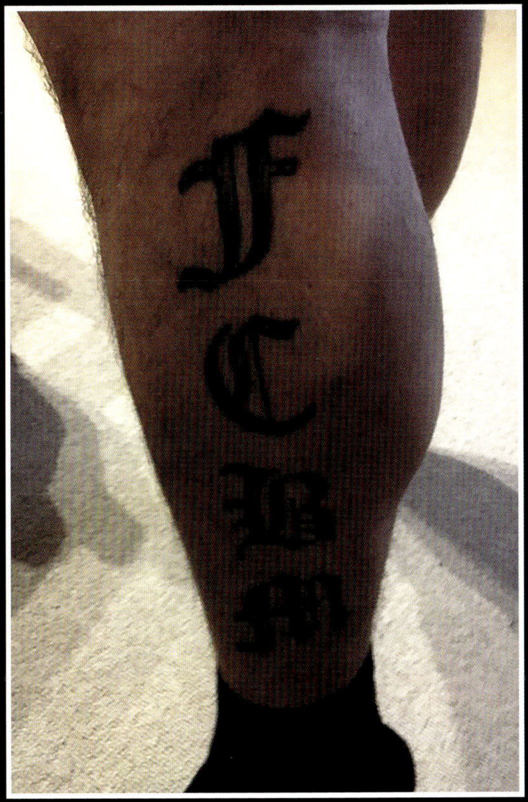
FCBM

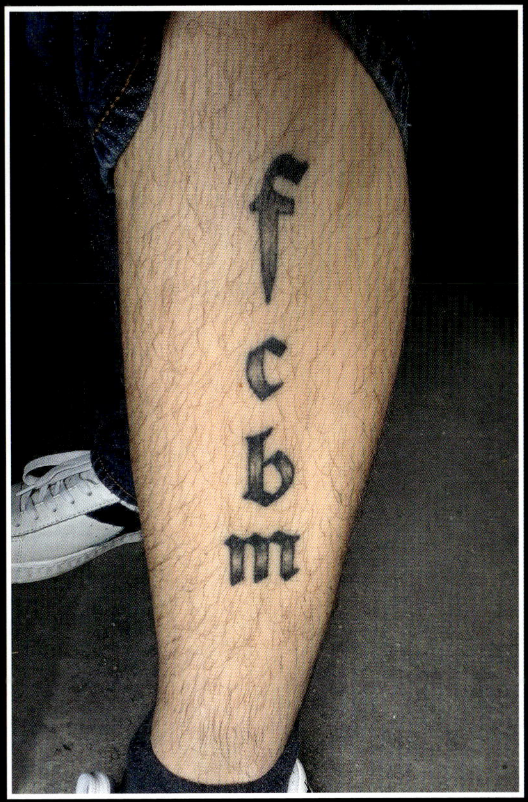
fcbm

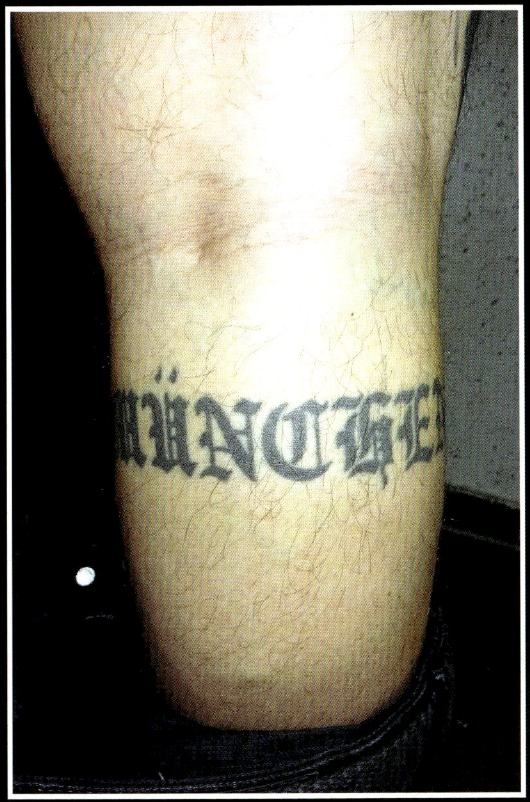
ÜNCHE

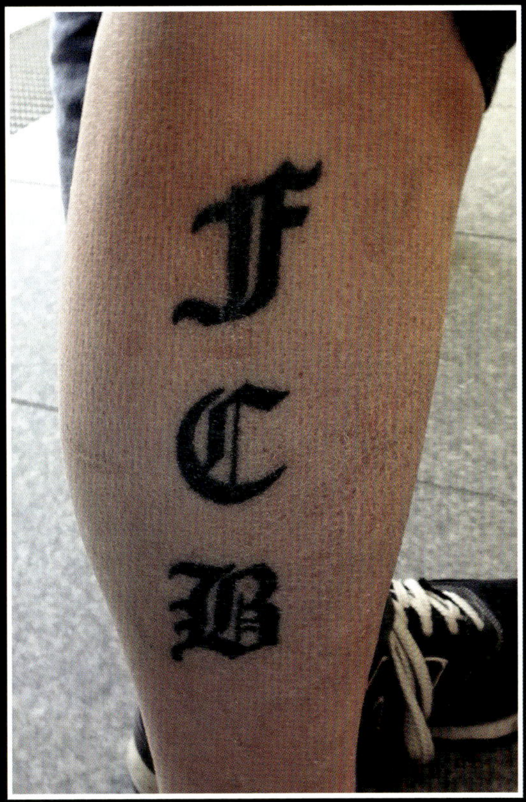
FCB

07

INTERVIEW

4

IN PARIS VOR DEM EIFFELTURM 1975: EUROPAPOKAL-FINALE GEGEN LEEDS UNITED

»HEISSER SAND UND
EIN VERLORENES LAND
UND EIN LEBEN
IN GEFAHR - IN GEFAHR!
HEISSER SAND UND

DIE ERINNERUNG DARAN,
WIE'S IN MÜNCHEN
EINMAL WAR.
MÜNCHEN, MÜNCHEN,
MÜNCHEN!«

»NIE DEN SPASS AM FUSSBALL VERLIEREN«

INTERVIEW MIT FALK DIEHL

FCB-Experte Falk Diehl, Journalist und ehemaliger Chefredakteur der Fan-Zeitschrift »SUPER BAYERN«, gilt in der Szene als Fan-Urgestein. Er berichtet über die Fankultur des FC Bayern und deren Tattoo-Szene.

Was bedeutet eigentlich der Begriff »Fankultur«?
Das betrifft jeden Fan, der seine Zuneigung oder Liebe zum Verein auch voll auslebt. Egal an welchem Ort oder zu welcher Zeit. Spontan fällt mir der Text von dem bekannten Franz-Beckenbauer-Lied ein: »Gute Freunde kann niemand trennen, gute Freunde sind nie allein. Weil sie eines im Leben können: füreinander da zu sein.« Gesang und Zusammenhalt, sich gegenseitig helfen und der Öffentlichkeit präsentieren – das ist wohl das wichtigste Lebenselixier für jeden Bayern-Fan!

Wie wurdest du zum Bayern-Fan?
Schon 1970 war ich als Schüler öfter im Stadion an der Grünwalder Straße. Seit dem unglaublichen 11:1-Sieg über Borussia Dortmund dann auch als begeisterter Fahnenträger mit Standplatz im Stimmungsblock direkt unter der legendären Stadion-Uhr, wo der aktuelle Spielstand noch immer per Hand aufgehängt wird. Großartige Zeiten. Damals besuchten uns auch noch der frühere Präsident Wilhelm Neudecker und Manager Robert Schwan in unserem Stammlokal und brachten Geschenke in Form von Fanartikeln und Eintrittskarten mit!

FALK DIEHL

SÜDKURVE 73

RED ANGELS

FANFREUNDSACHAFT MIT HERTHA-FANS

PARIS 1975

ROTTERDAM 1982:
EUROPAPOKAL-FINALE GEGEN ASTON VILLA

Wie entwickelte sich die Fanszene?
Man traf sich bei den Heimspielen immer um halb elf Uhr am Fischbrunnen auf dem Marienplatz. Dann zogen wir singend durch die Stadt und die diversen Bierlokale. Beim Umzug ins Olympiastadion gründeten wir den Fanclub »Südkurve 73«, wir waren die Stimmungsmacher im Stadion. Auch nach den Spielen feierten wir fröhlich weiter. Am liebsten mit Leuten aus den von uns begründeten Fanfreundschaften, also mit den Hertha-Fans und den Anhängern vom VfL Bochum, zeitweise sogar mit Augsburgern, Mainzern, Bremern, St. Paulianern und den Fans der Glasgow Rangers.

Heiß her ging es dagegen bei den Spielen gegen Köln, Schalke, Nürnberg, Kaiserslautern. Da regierte auf den Straßen das Faustrecht. Erst recht in den wilden 80er-Jahren. Da gab es dann die bei Gegnern gefürchteten Gruppen Red Angels, Red Champs, Red Kings und später auch die umtriebige »Service Crew«. Letztere sollte die erste und letzte »Bande« sein, in der die Roten mit den Blauen gemeinsame Sache machten.

1998 gründetet ich dann mit Freunden den Fan-Dachverband Red United mit großen Räumlichkeiten im alten Rangierbahnhof Laim. Uns allen war klar, dass wir unbedingt ein reines Fußballstadion in München brauchten. Also stand ich bei der Jahreshauptversammlung auf und hielt eine flammende Rede in der Olympiahalle mit der Forderung: »Steht auf, wenn ihr ein neues Stadion wollt!«. Die Halle tobte, die Presse überschlug sich, und bald darauf entstand die Allianz-Arena. Die dann folgende und aktuelle Fan-Historie dürften die meisten Bayern-Fans schon kennen.

Die schönsten und schlimmsten Erlebnisse in deinem Fanleben?
Den größten Spaßfaktor boten schon immer die Auswärtsspiele: Für mich etwa 1974 die Busfahrt nach Brüssel zum Finale gegen Atletico Madrid, als der Katsche in letzter Minute den Ausgleich schaffte und wir zwei Tage später an gleicher Stelle die Spanier mit 4:0 nach Hause schickten. Oder 1975 im Sonderzug nach Paris, wo wir zwar Leeds United mit 2:0 schlugen, aber die englischen Fans so randalierten, dass

ein Spielabbruch kurz bevorstand. Ganz schlimm: das Champions-League-Finale 1999 in Barcelona. Nach 30-stündiger Busfahrt schoss uns Manchester United mit zwei Toren in der Nachspielzeit in die Fußball-Hölle. Danach gingen wir weinend durch dunkle Hochhausschluchten in Richtung unserer Busse.

Plötzlich gingen Lichter in den Wohnungen an. Erst einige, dann immer mehr, und die Leute kamen auf die Balkone, klatschten uns zu, um uns aufzumuntern. Noch einmal eine echte Gänsehaut-Situation.

Welche Rolle spielen Tattoos in der Fanszene des FCB?
In den 70er-Jahren mussten unsere Jungs immer nach Hamburg, Berlin und sogar bis nach England fahren, weil es in München damals keinen Fußball-Tätowierer gab. Bevorzugt natürlich bei den jeweiligen Auswärtsspielen, da wurden etwa in Hamburg auf St. Pauli spät nachts – und garantiert nicht immer mehr nüchtern – Motive gestochen, die der eine oder andere später bereute. Die Tattoos von früher sind heute nicht mehr ganz so scharf zu erkennen.

Interessant ist jedoch die Entwicklung der Tattoo-Kultur bei uns Roten: Damals wurde immer das aktuelle Vereinslogo gestochen, oft mit Krone darüber oder auch mit Tieren flankiert. Heute lassen sich unsere Fans oft lieber die alten Vereinswappen des FCB stechen. Frei nach dem Motto: Je kultiger, desto besser. Aktuell angesagt sind auch biomechanische Tattoos und solche, die scheinbar aus der Haut wachsen. Frauen lieben dagegen meistens eher dezente Motive, etwa Texte wie »Stern des Südens« oder etwas mit Herz. Und natürlich unsere Spieler: allen voran Arturo Vidal, dessen Spruch »Never Give Up« am Hals schon von Weitem für jeden Gegner zu sehen ist. Aber auch Jerôme Boateng, Thiago Alcantara, Rafinha, James Rodríguez und Corentin Tolisso geizen nicht mit Tattoos, allerdings selten mit FCB-Motiven, sondern meistens durch familiäre oder religiöse Tattoos.

Was würdest du den jüngeren Bayern-Fans mit auf den Weg geben?
Keinen Hass zu entwickeln, weder auf andere Vereine noch auf andere Fans. Engagiert euch positiv,

UNTERWEGS MIT DEM FANCLUB SÜDKURVE 73

KURZ VOR EINEM PLATZSTURM IM OLYMPIASTADION

SIT-IN VOR DEM SPIEL IN ST. ETIENNE

PARIS 1975

RED UNITED

»IN DER SÜDKURVE SCHLÄGT DAS HERZ VON BAYERN MÜNCHEN«

etwa in Freundschaften untereinander oder mit Fans von anderen Clubs. Und nie den Spaß am Fußball und den Humor verlieren. Alles mit einem Augenzwinkern, wie der uralte Südkurven-Klassiker: »Wen woll'n wir fressen? Rot-Weiss Essen! Wen woll'n wir verschmausen? Rot-Weiß Oberhausen! Und dann und dann und dann? Ajax Amsterdam! Ajax ist zum Putzen da, Ajax ist zum Putzen da.«

Dein aktuelles Fazit aus Sicht der Fans?

Eines darf bei allen Titelgewinnen und Umsatzrekorden keiner vergessen: Das Herz des Vereins bildet die Südkurve. Mit dem Herzblut der Fans, die dort stehen und hüpfen und für den Verein einfach alles geben. Die sich die Lunge aus dem Leib singen und unsere Mannschaft lautstark nach vorne treiben. Die unsere Bayern bedingungslos unterstützen, ob im Winter in der kalten Arena oder bei weit entfernten Auswärtsspielen. Die all die großartigen Choreografien planen, basteln und verteilen. Die Fanclub-Turniere und Spendenaktionen ins Leben rufen. Hier schlägt das große Herz von Münchens wahrer Liebe: unserem FCB!

DERBY-CHOREOGRAFIE / ORGANISATION UND FOTO: CLUB NR. 12

ROTEN STADT
1860
T · Com ·

08

RÜCKEN

Mia san mia

Mia san mia

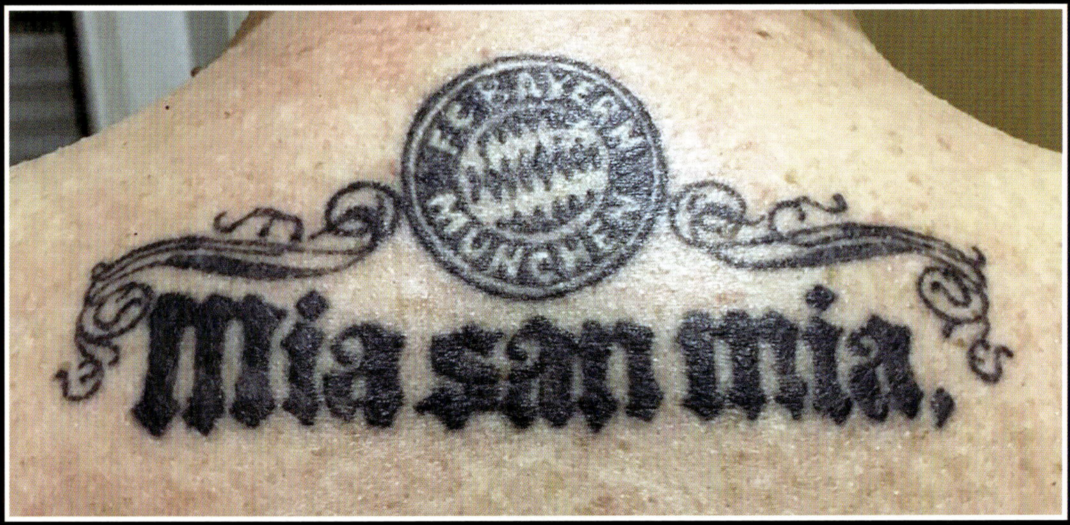
FC BAYERN
MÜNCHEN
Mia san mia,

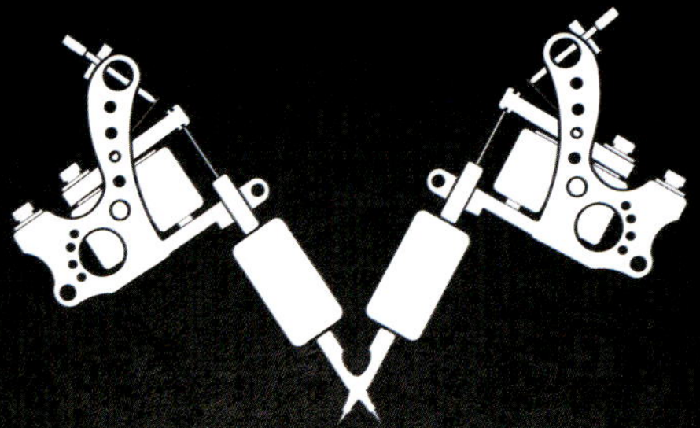

»IMMER VORWÄRTS FCB,
ROT WIE BLUT UND
WEISS WIE SCHNEE.
WIR WOLLEN DICH HEUTE

SIEGEN SEH'N,
WERDEN IMMER
ZU DIR STEH'N.
IMMER VORWÄRTS FCB!«

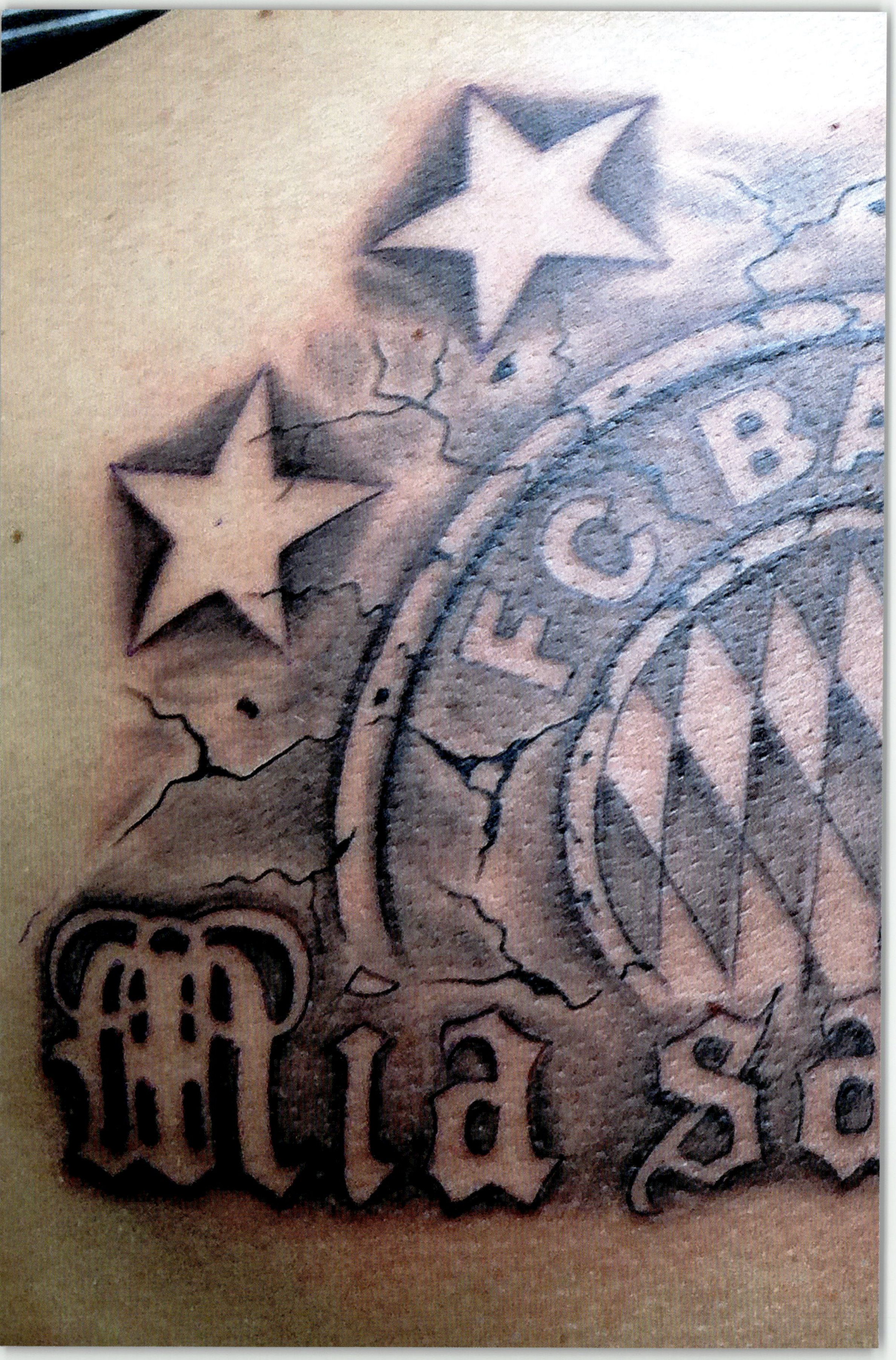
FC BA
Mia so

YERN
n Mia

One Love One Passion
27. Februar 1900

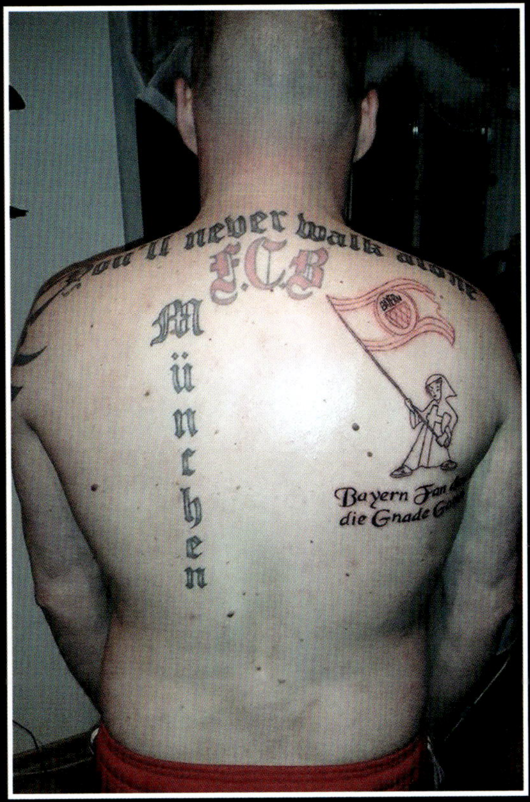
F.C.B
München
Bayern Fan

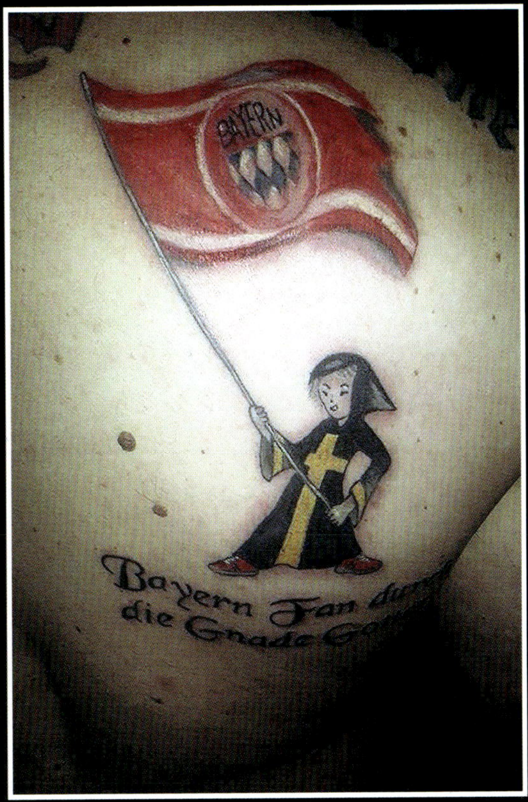
BAYERN
Bayern Fan

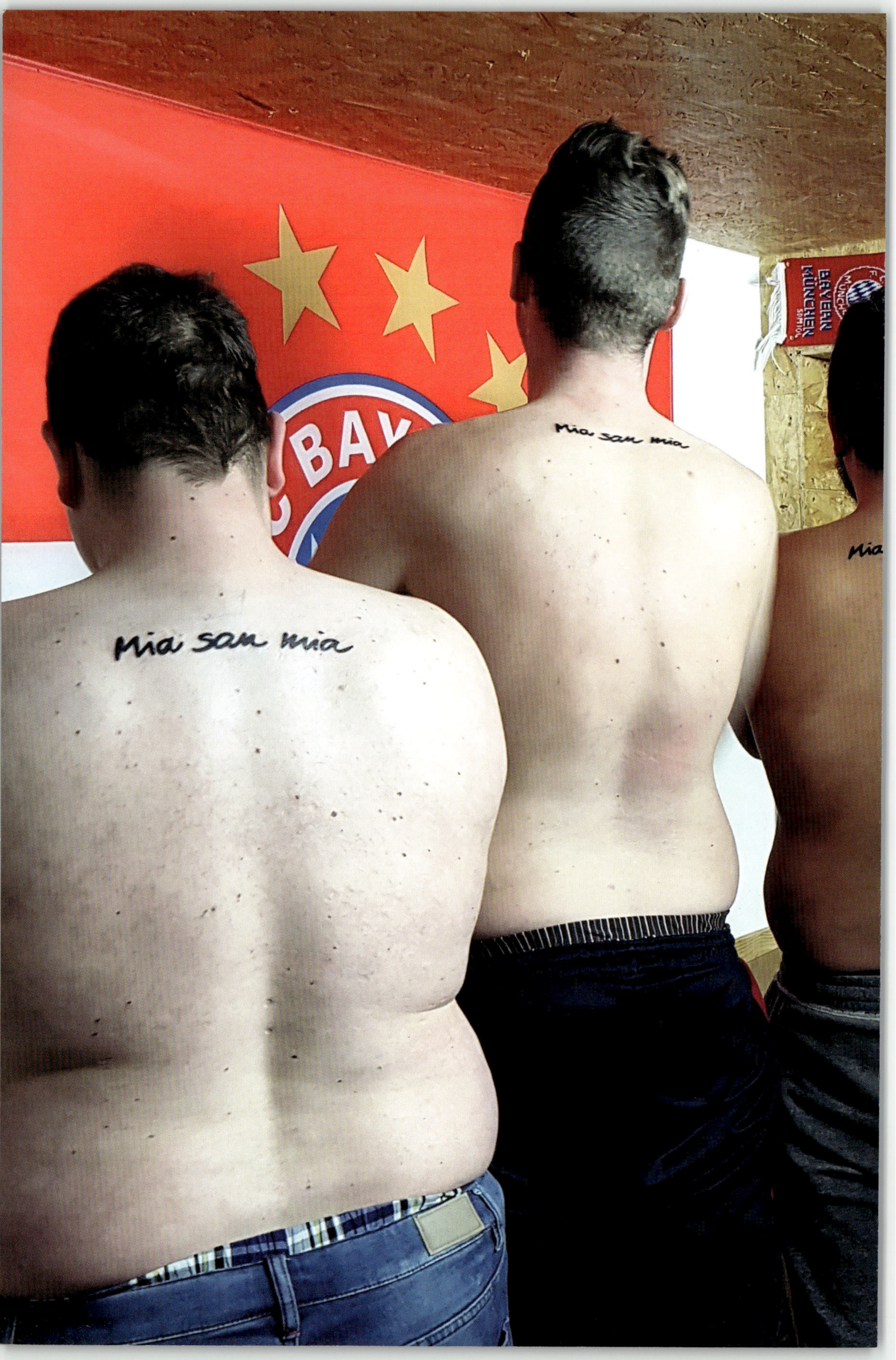
Mia sam mia
Mia sam mia

REKORDMEISTER
BAYERN MÜNCHEN
DIE MACHT VOM OLYMPIASTADION
Mia san mia
Mia san mia
PUMA

Mia san Mia

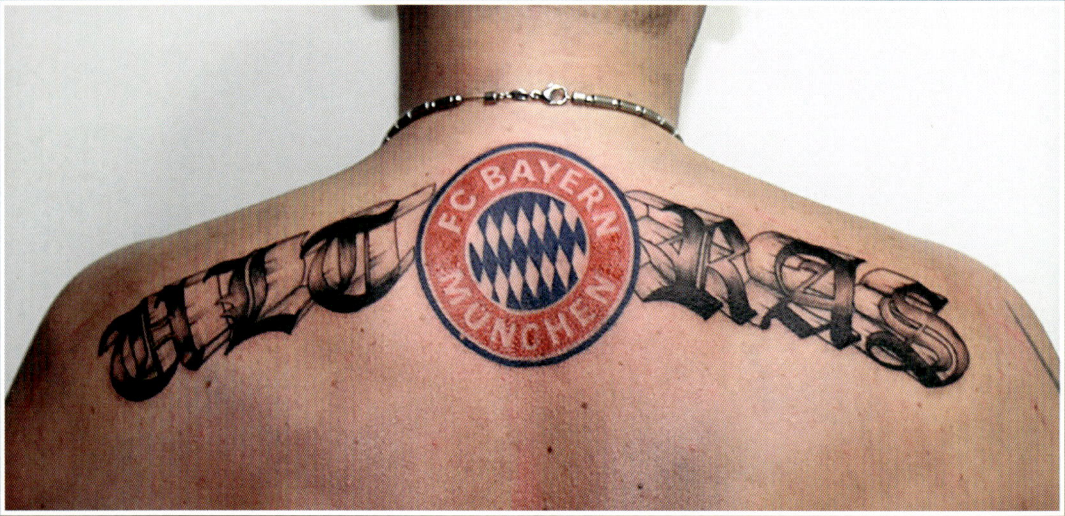
FC BAYERN
MÜNCHEN

mia san mia

mia san mia

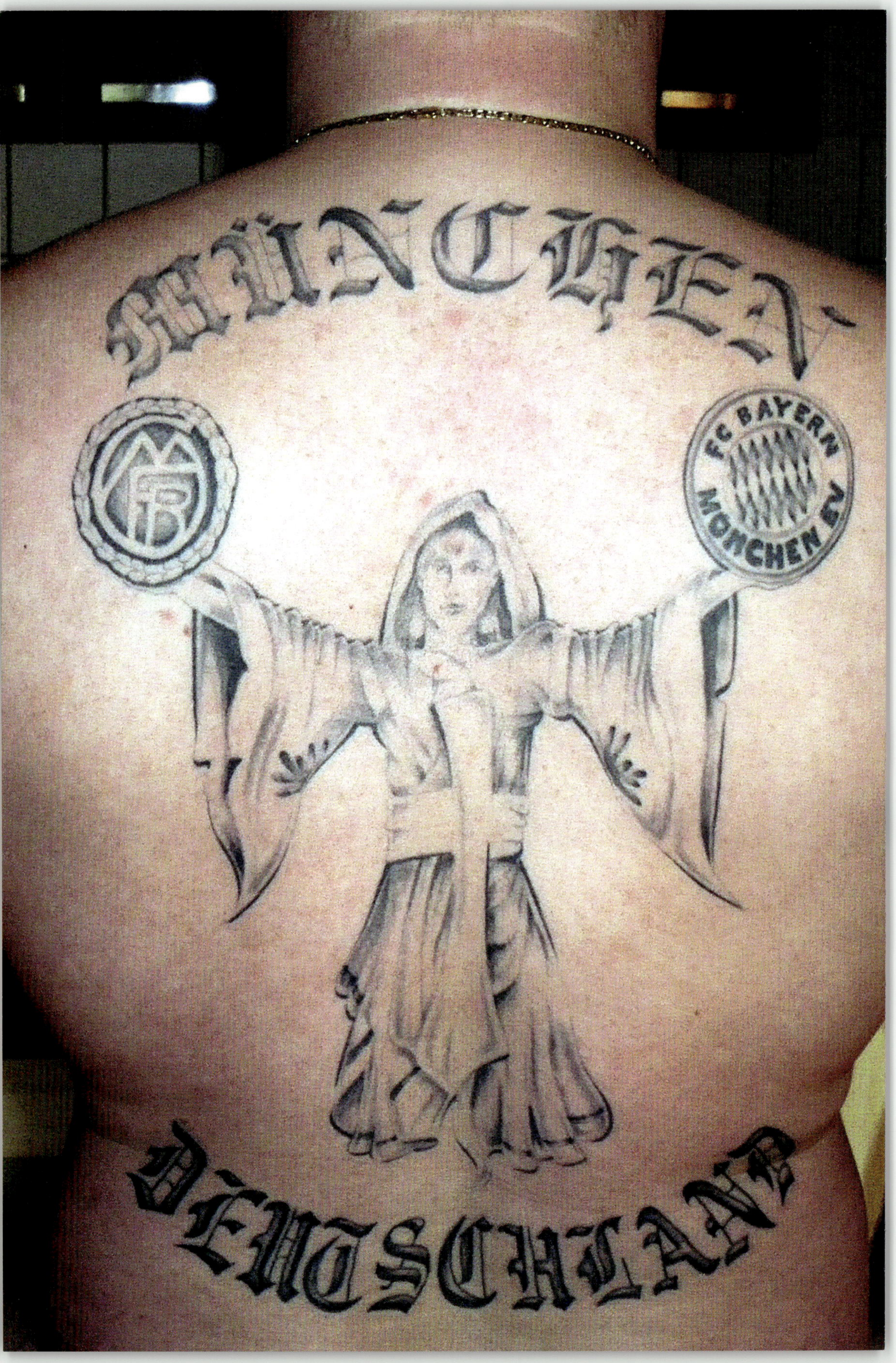
MÜNCHEN
FC BAYERN
MÜNCHEN EV
DEUTSCHLAND

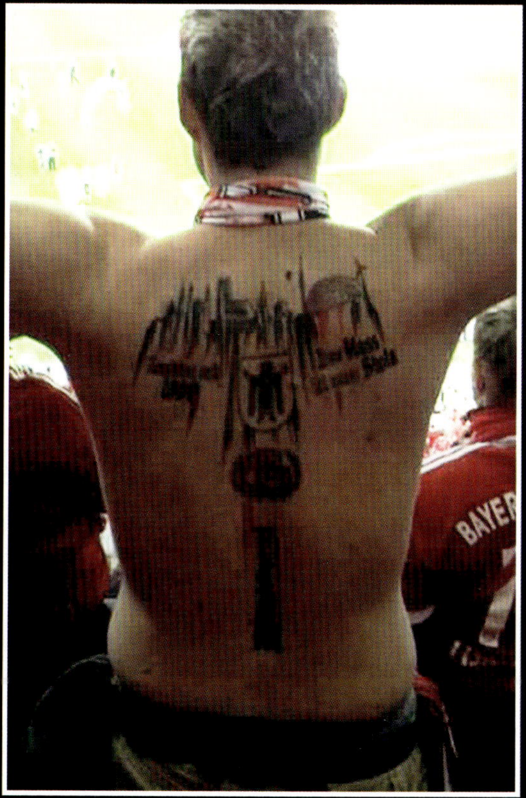

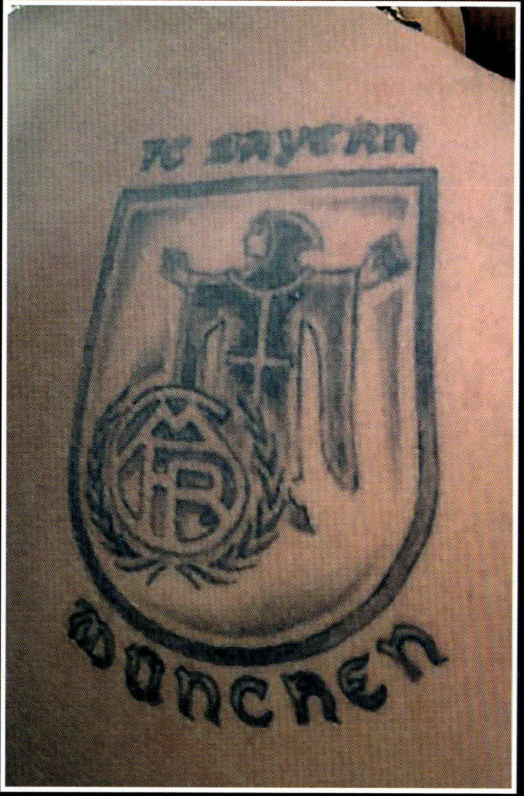

FC Bayern
München

Mia San Mia

FC BAYERN MÜNCHEN
Fc Bayern München
Triple Sieger 2013

FC BAYERN
MÜNCHEN

FC BAYERN MÜNCHEN
Fc Bayern München
Triple Sieger 2013

09

MÄDELS

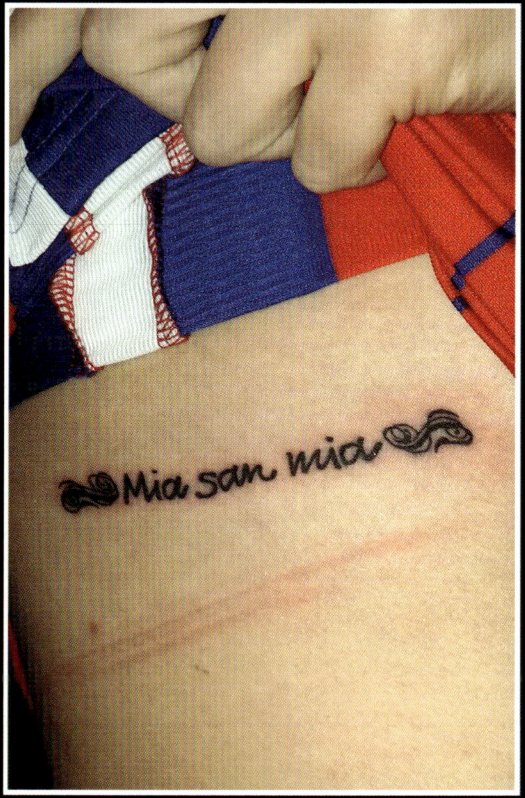
Mia san mia
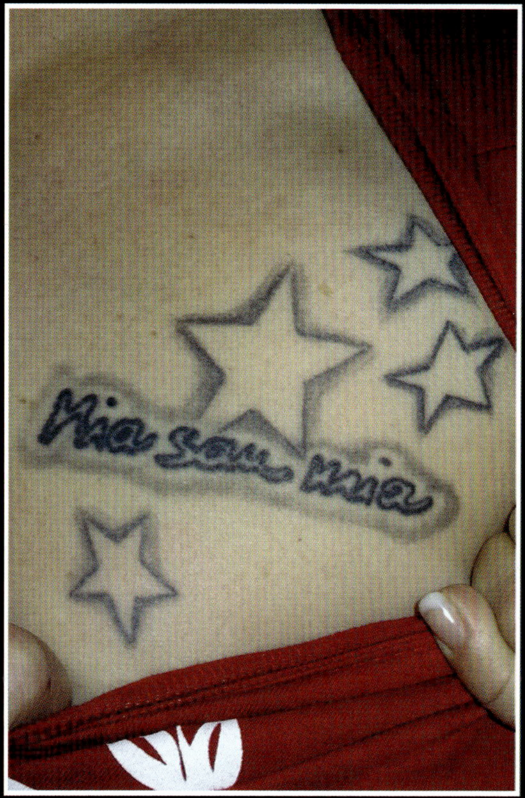
Mia san mia
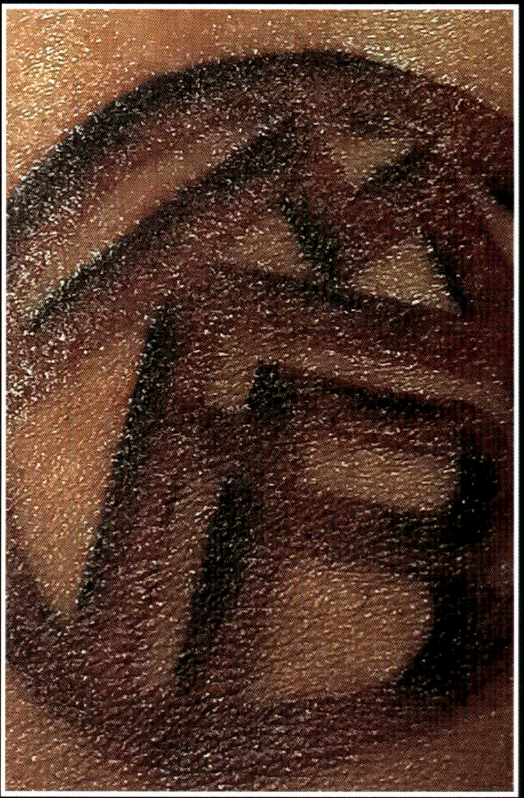
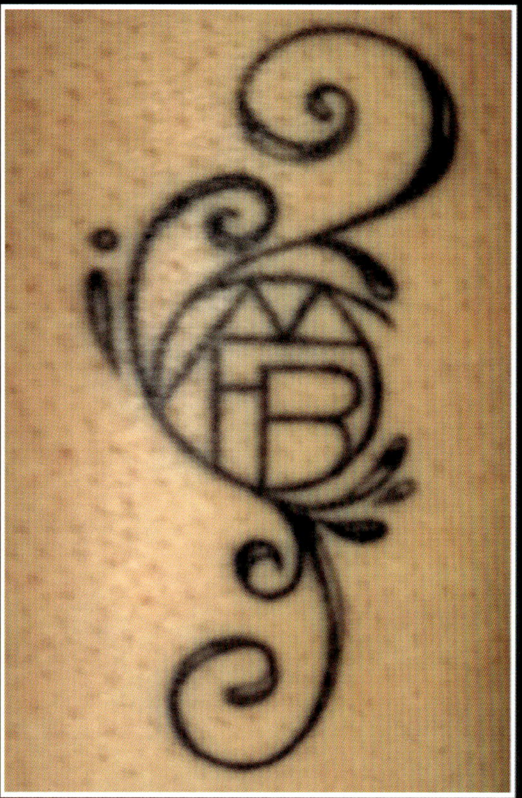

»IST DIE MEISTERSCHAFT
GESCHAFFT,
ZIEHEN WIR ZUM
MARIENPLATZ.
UND DANN FEIERN WIR
DIE NACHT,
IN ROT-WEISSER

FARBENPRACHT.
DEN FC BAYERN WALZER
TANZEN WIR,
DU MIT MIR, ICH MIT DIR.
DEN FC BAYERN WALZER
TANZEN WIR,
DU MIT MIR, ICH MIT DIR.«

Mia san mia

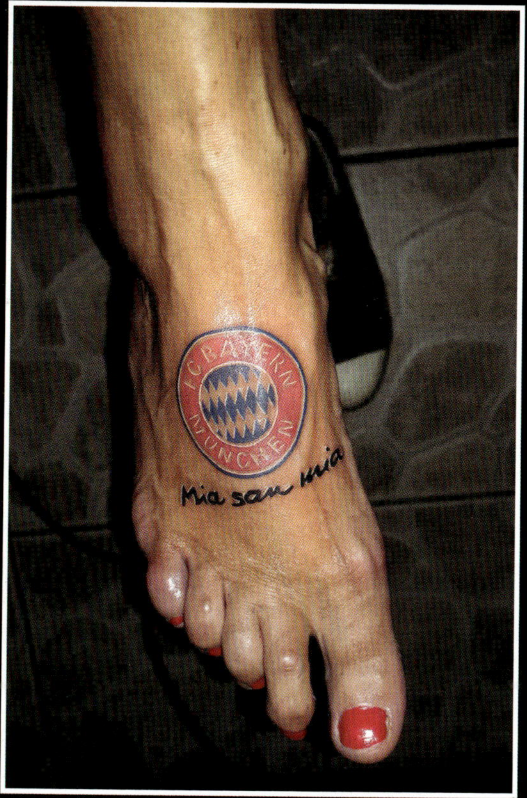
FC BAYERN MÜNCHEN
Mia san mia

Mia San Mia

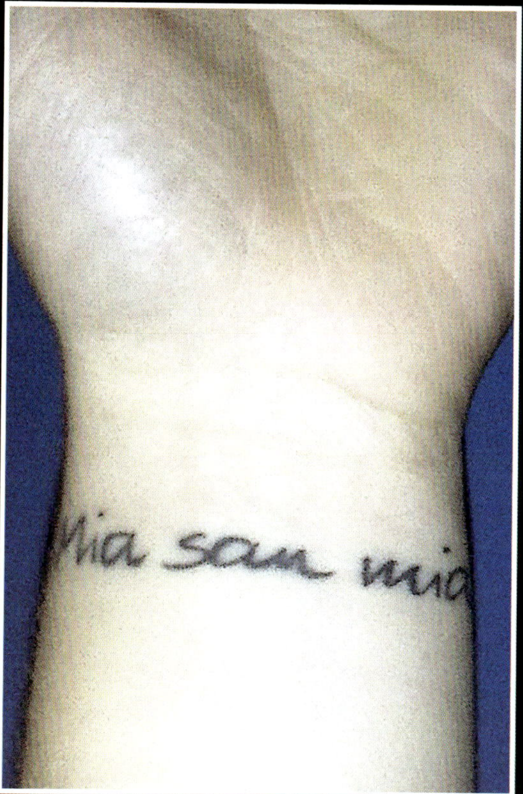
Mia san mia

F.C.
Bayern München
mia san mia

FCB
2013
Mia san mia

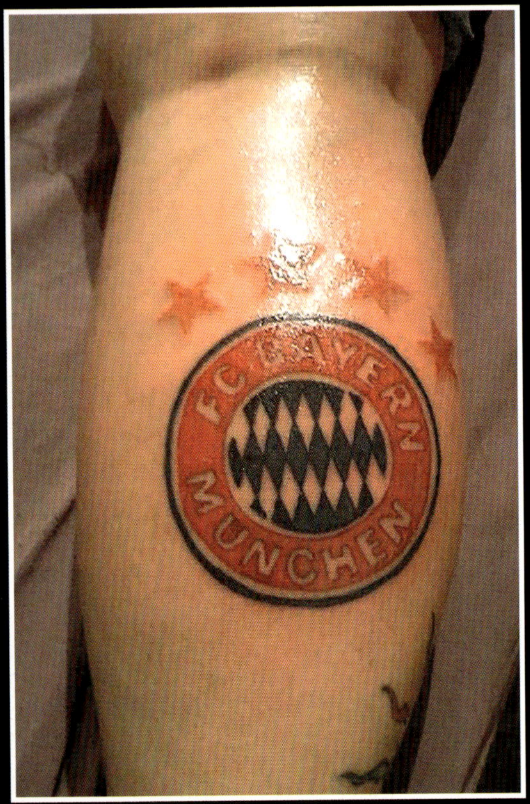
FC BAYERN
MUNCHEN

FC BAYERN
MUNCHEN
You'll never walk alone

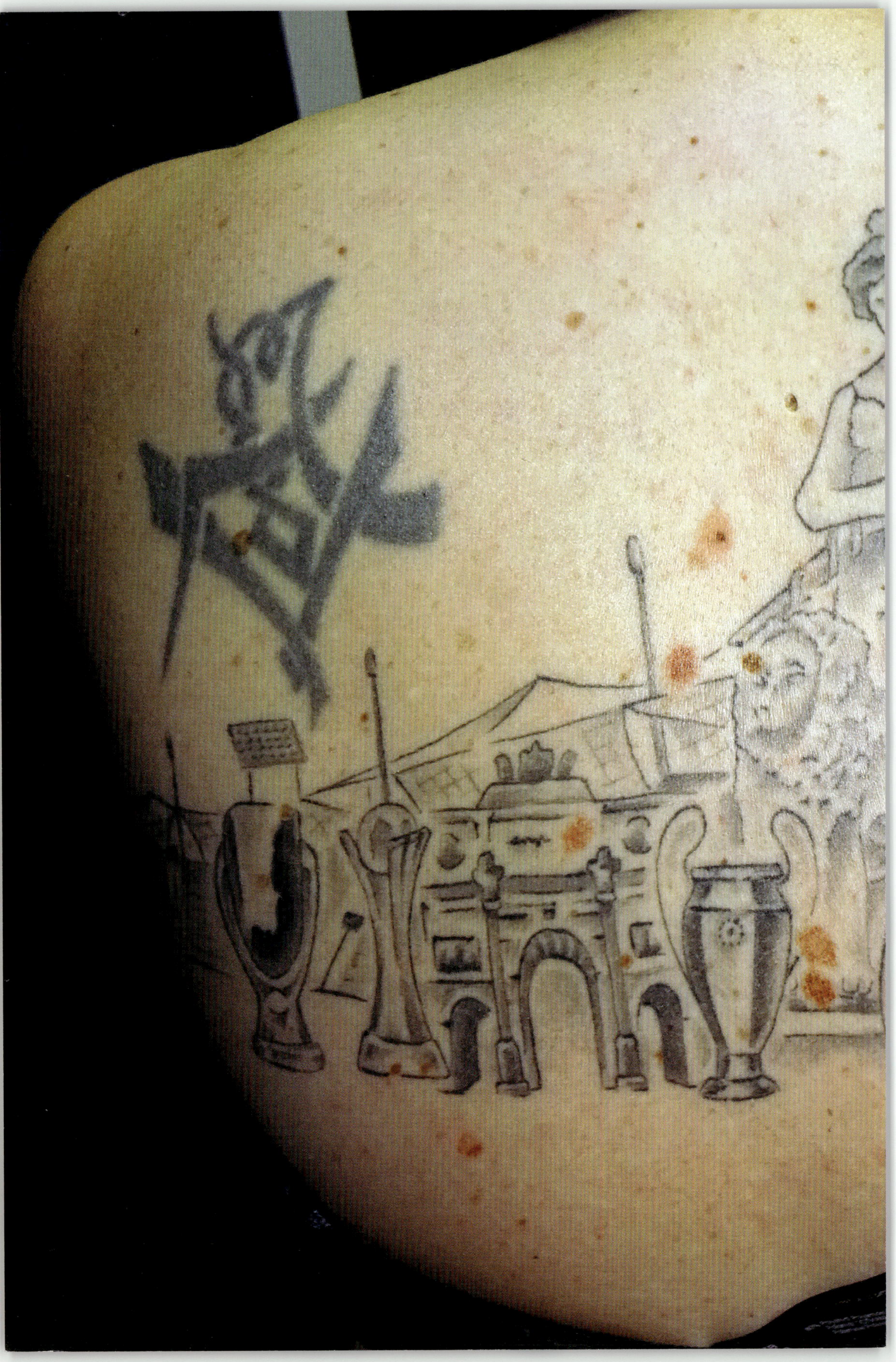

Rot-Weiss
Orion

2013
Schale
Henkelpott
Pokal

Mia san mia

1900

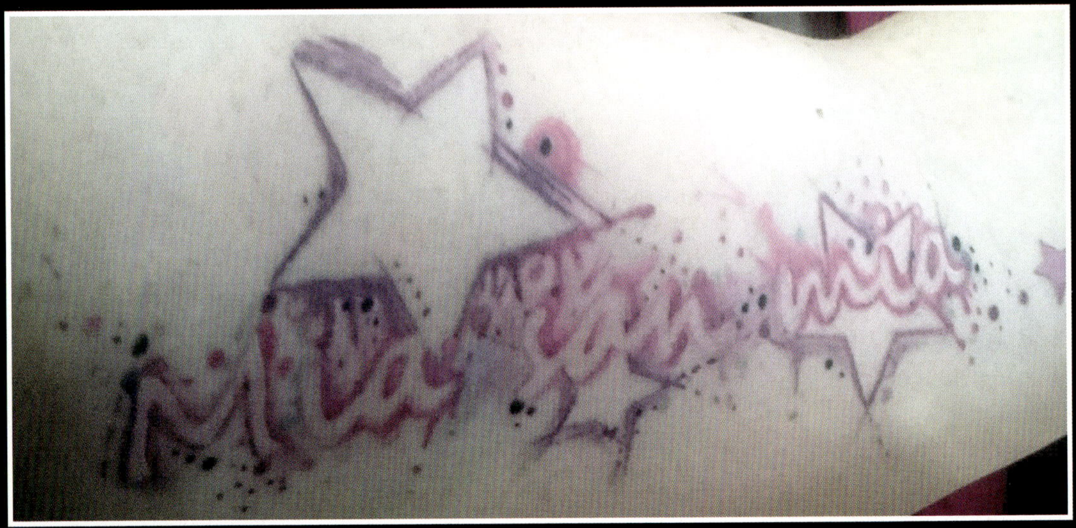

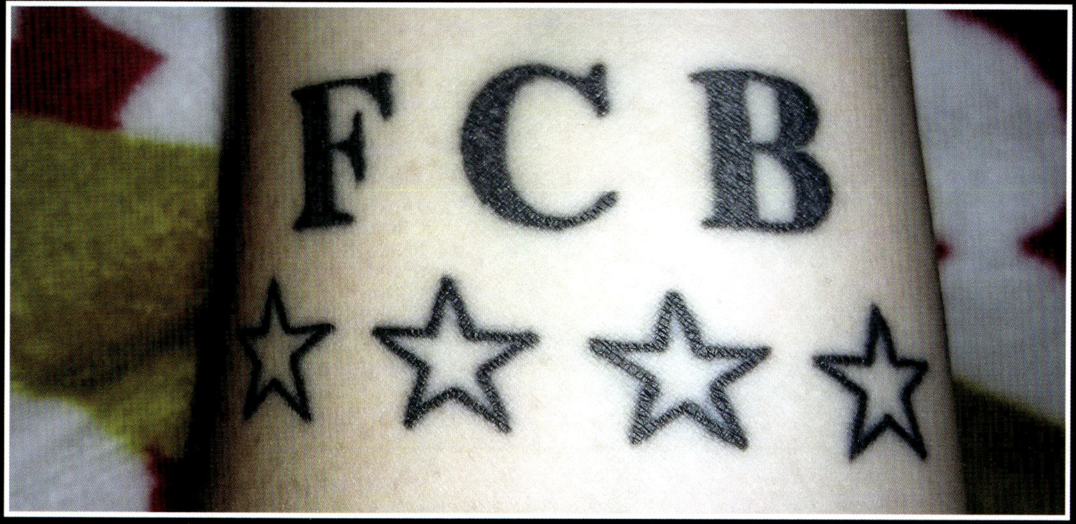
FCB

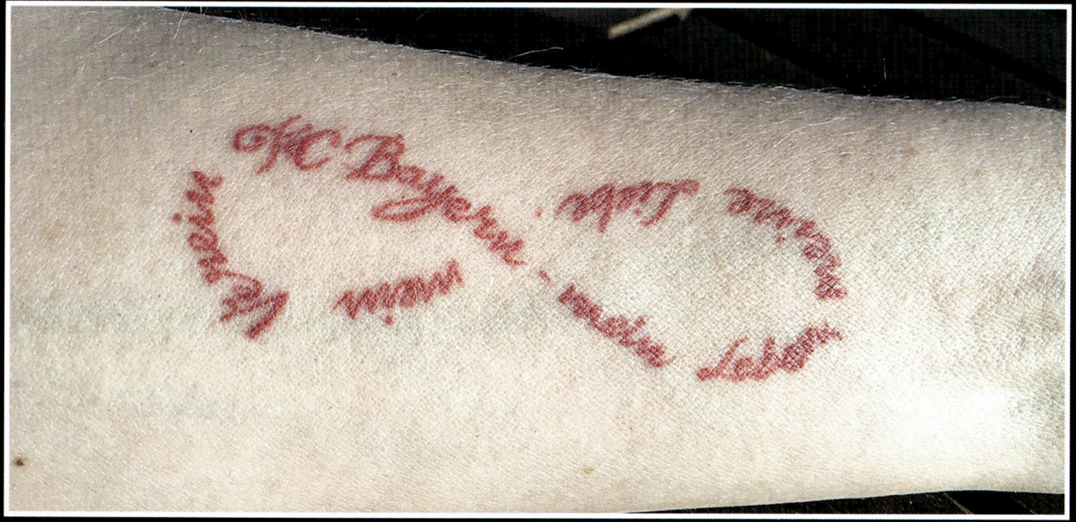
FC Bayern

Mia san mia
FC Bayern München
Stern des Südens

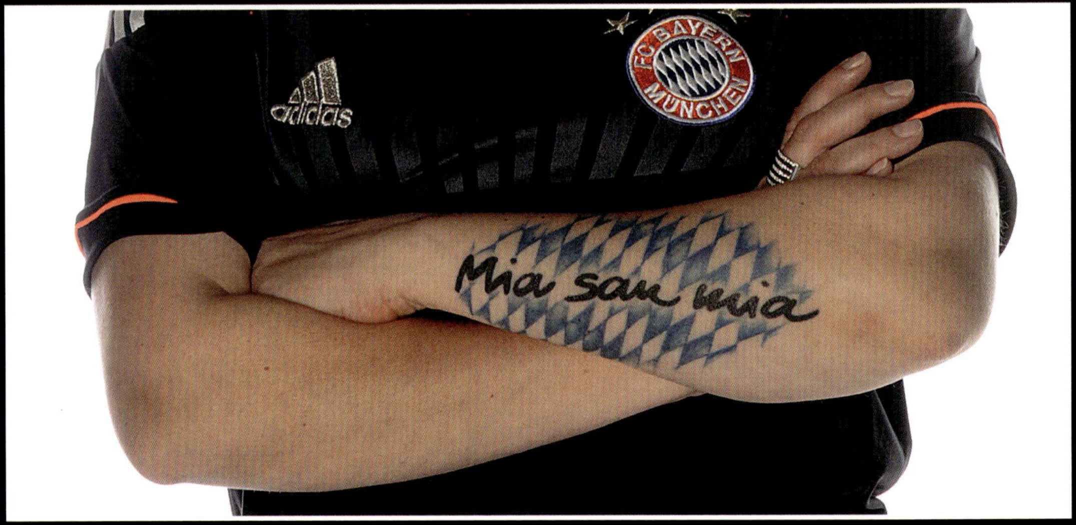
adidas
FC BAYERN MÜNCHEN
Mia san mia

Bayern München
für die Ewigkeit

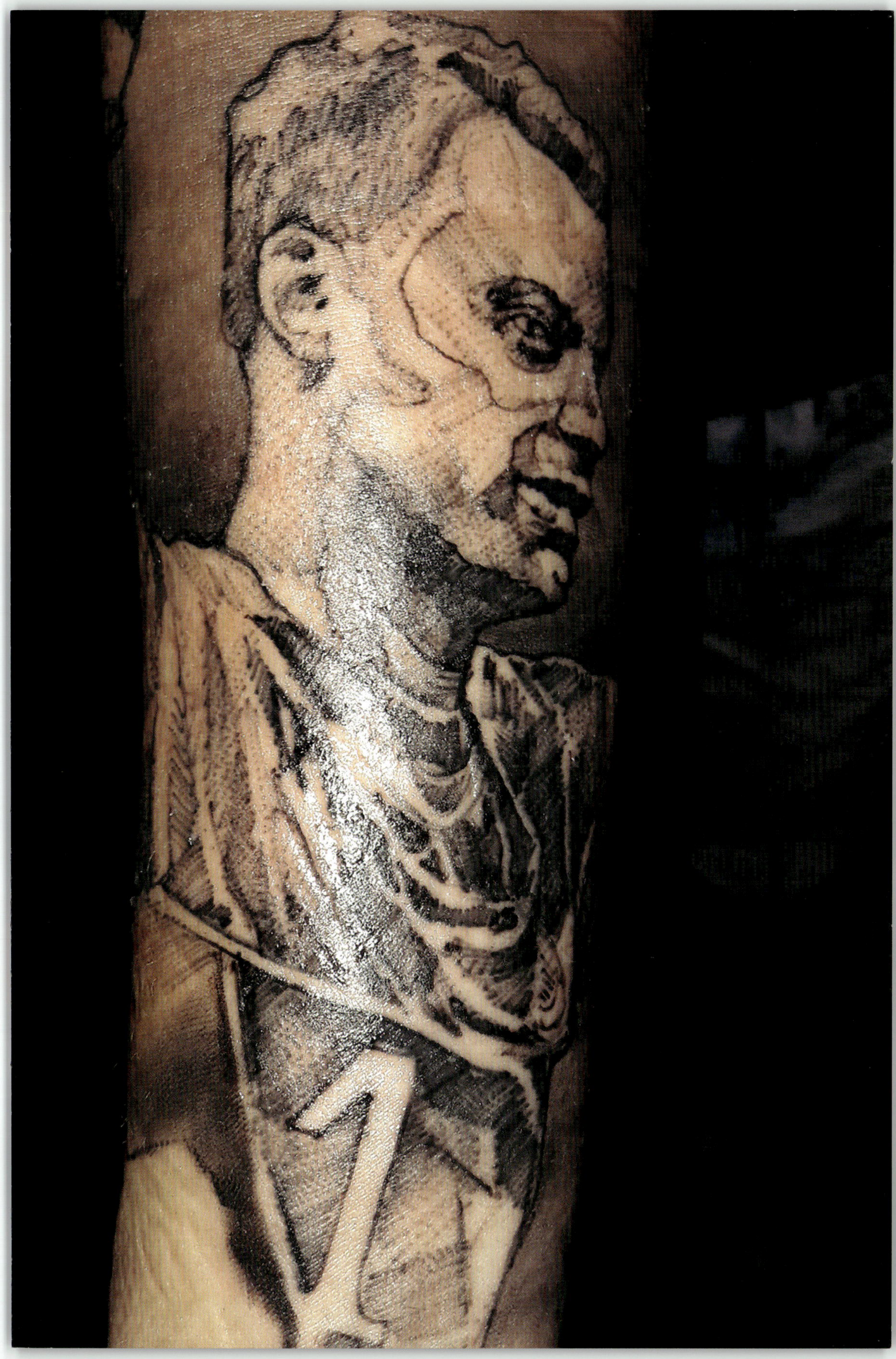

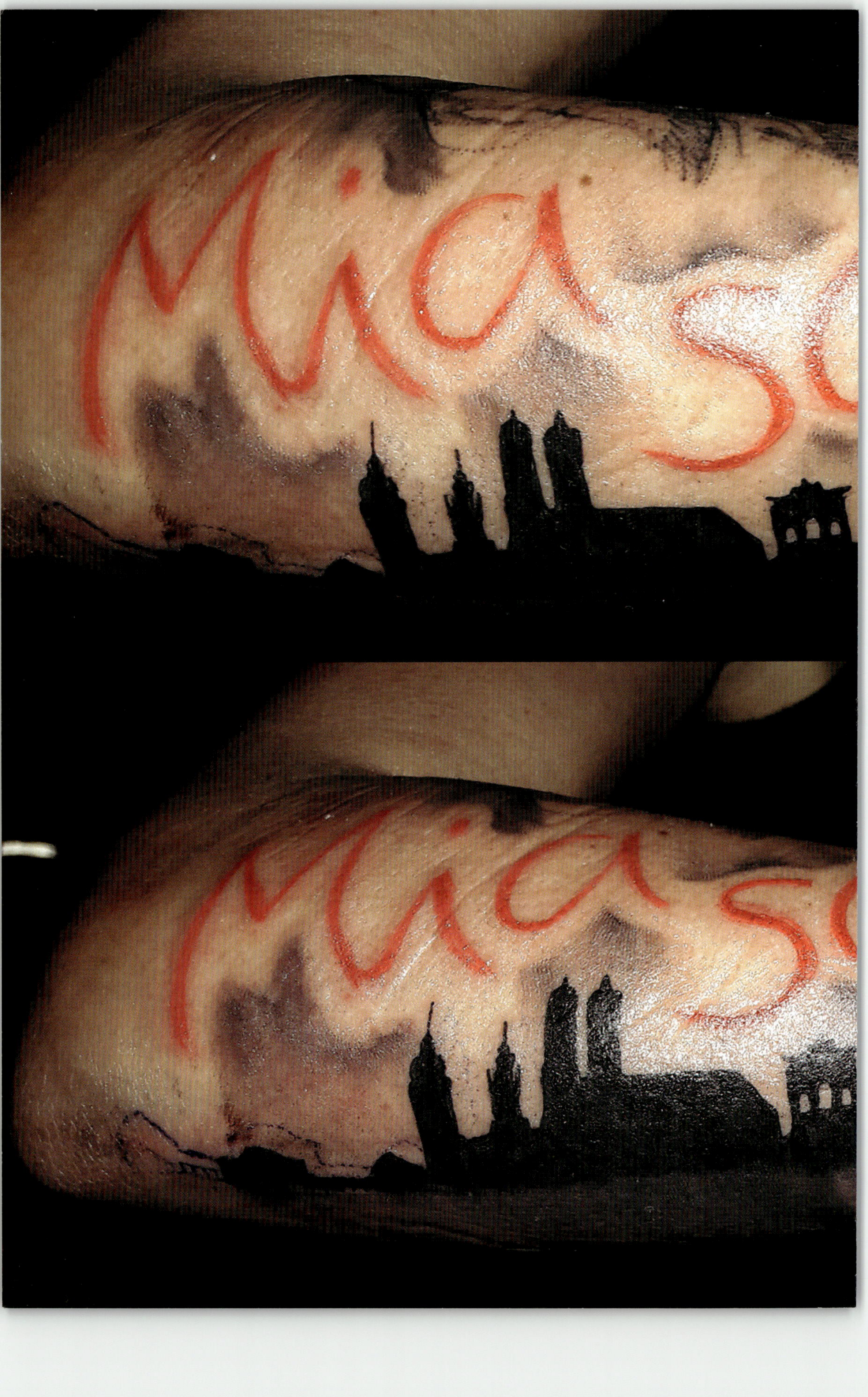
Mia
Mia

ACHTUNG
ACHTUNG

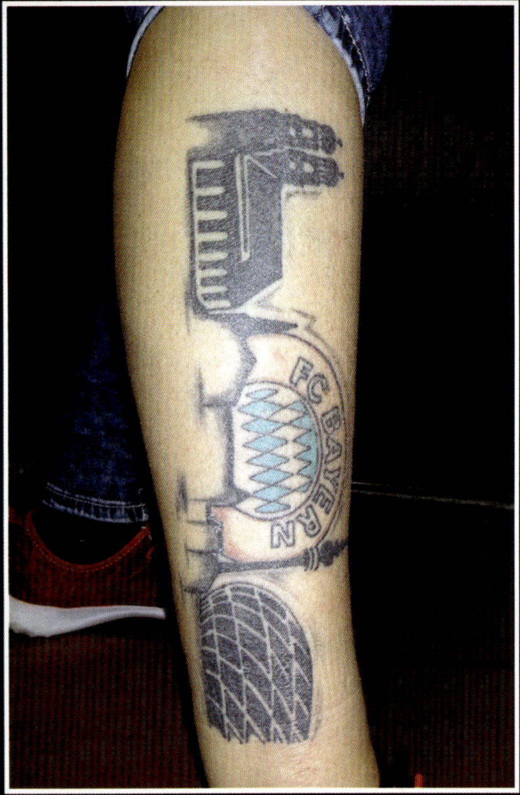
FC BAYERN

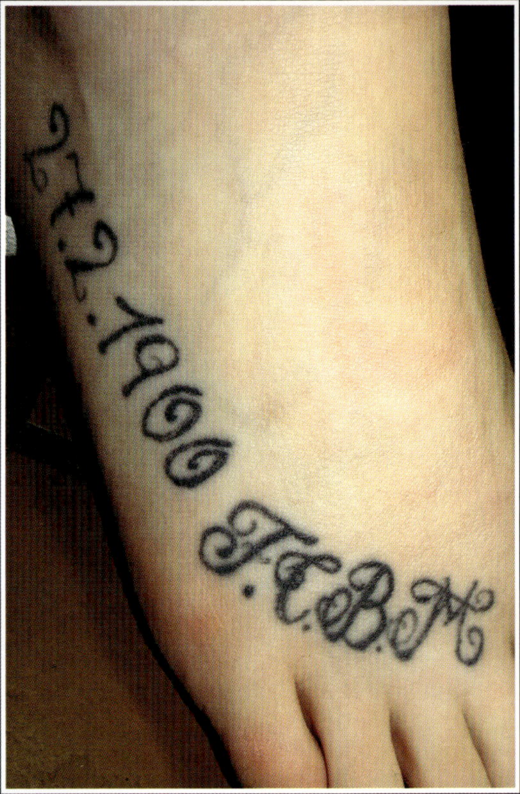
27.2.1900 F.C.B.M

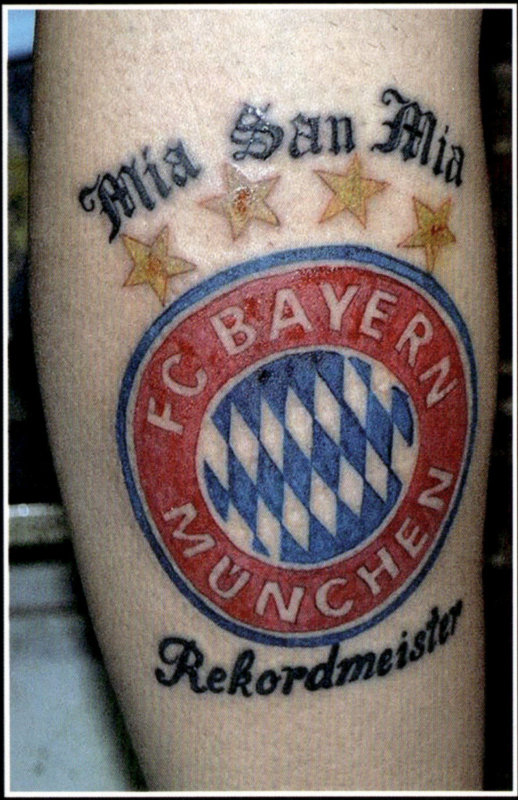
Mia San Mia
FC BAYERN MÜNCHEN
Rekordmeister

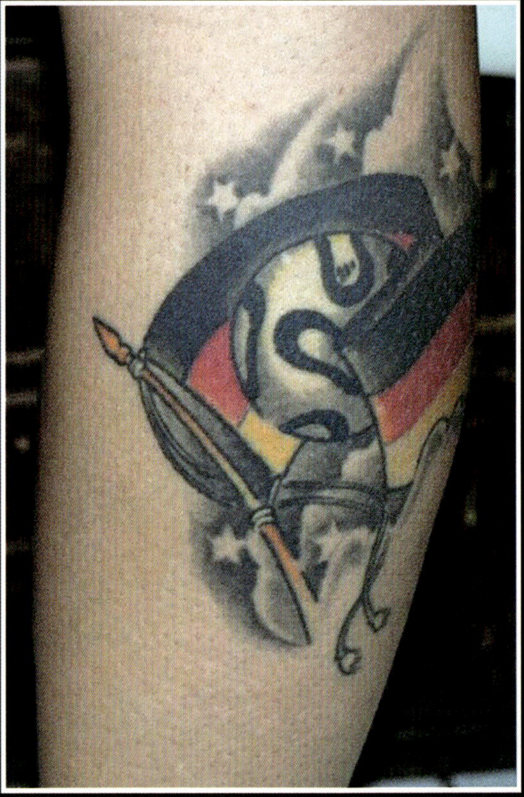

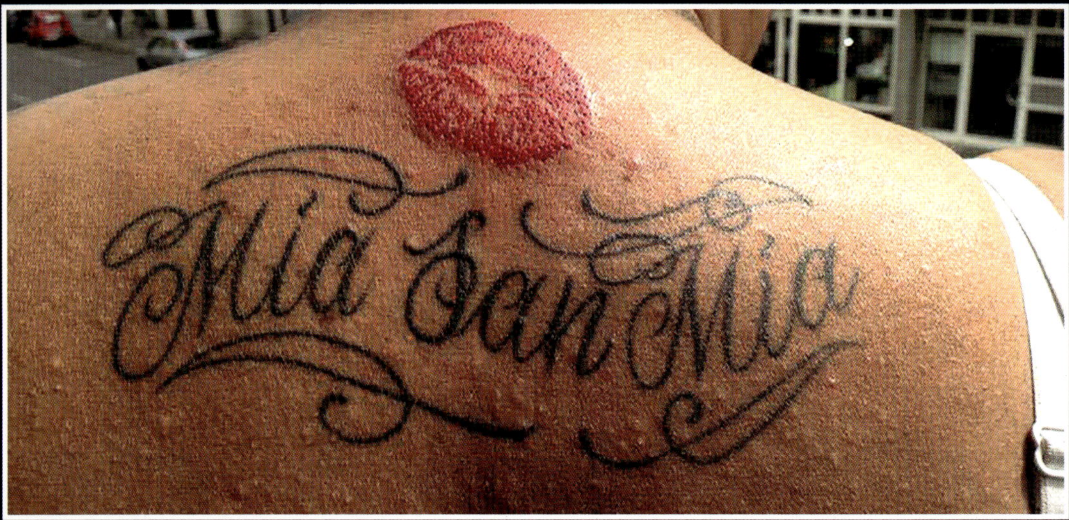
Mia San Mia

Ultrà Muc

Mia san Mia

10

VERLÄNGERUNG

»EI-EI-EI-EI,
FC BAYERN MÜNCHEN.
WIR SINGEN UND TANZEN
AUF JEDEM FUSSBALLPLATZ.
EIN SCHUSS, EIN TOR,
DIE BAYERN, DIE BAYERN!«

mein
für dich, für
Bayern
lebe ich,
ich lass dich nie
im Stich.
FC Bayern
Stern
des Südens
du wirst
niemals untergehn
weil wir in guten
wie in schlechten
Zeiten
zueinander
stehn

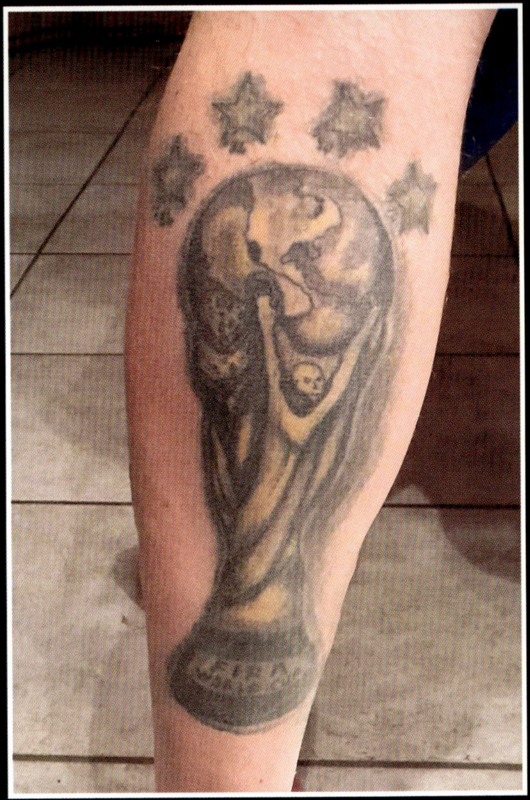

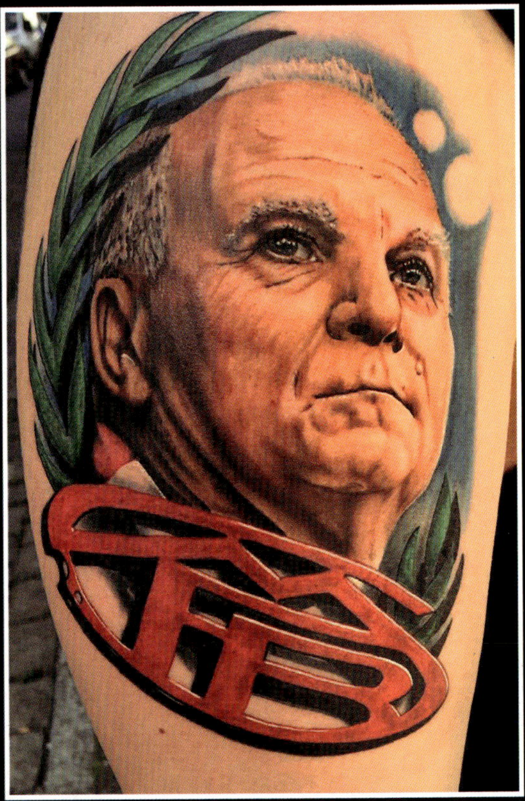

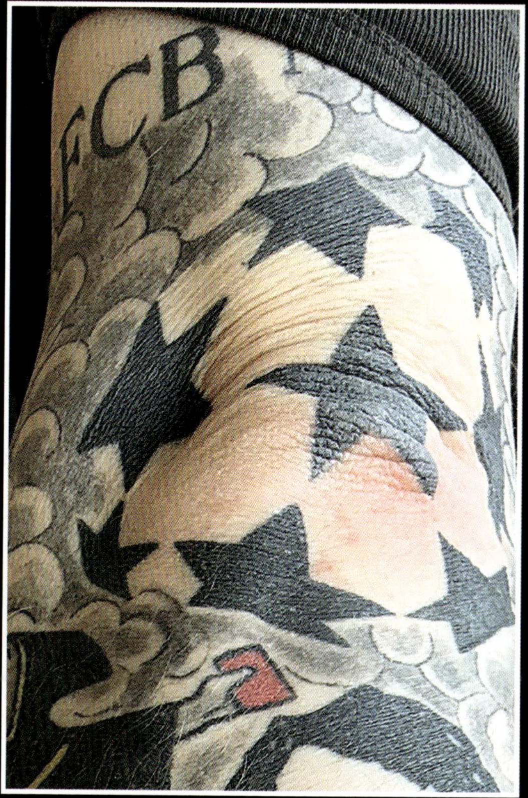
FCB

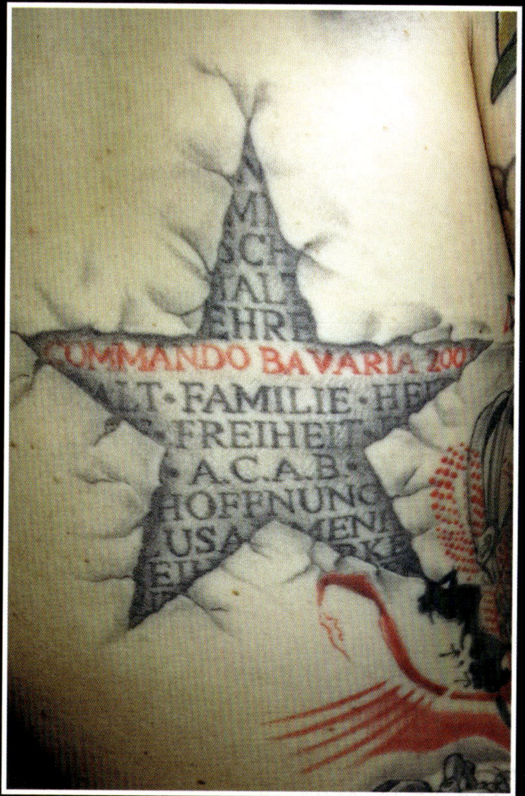
EHRE
COMMANDO BAVARIA
FAMILIE
FREIHEIT
A.C.A.B.

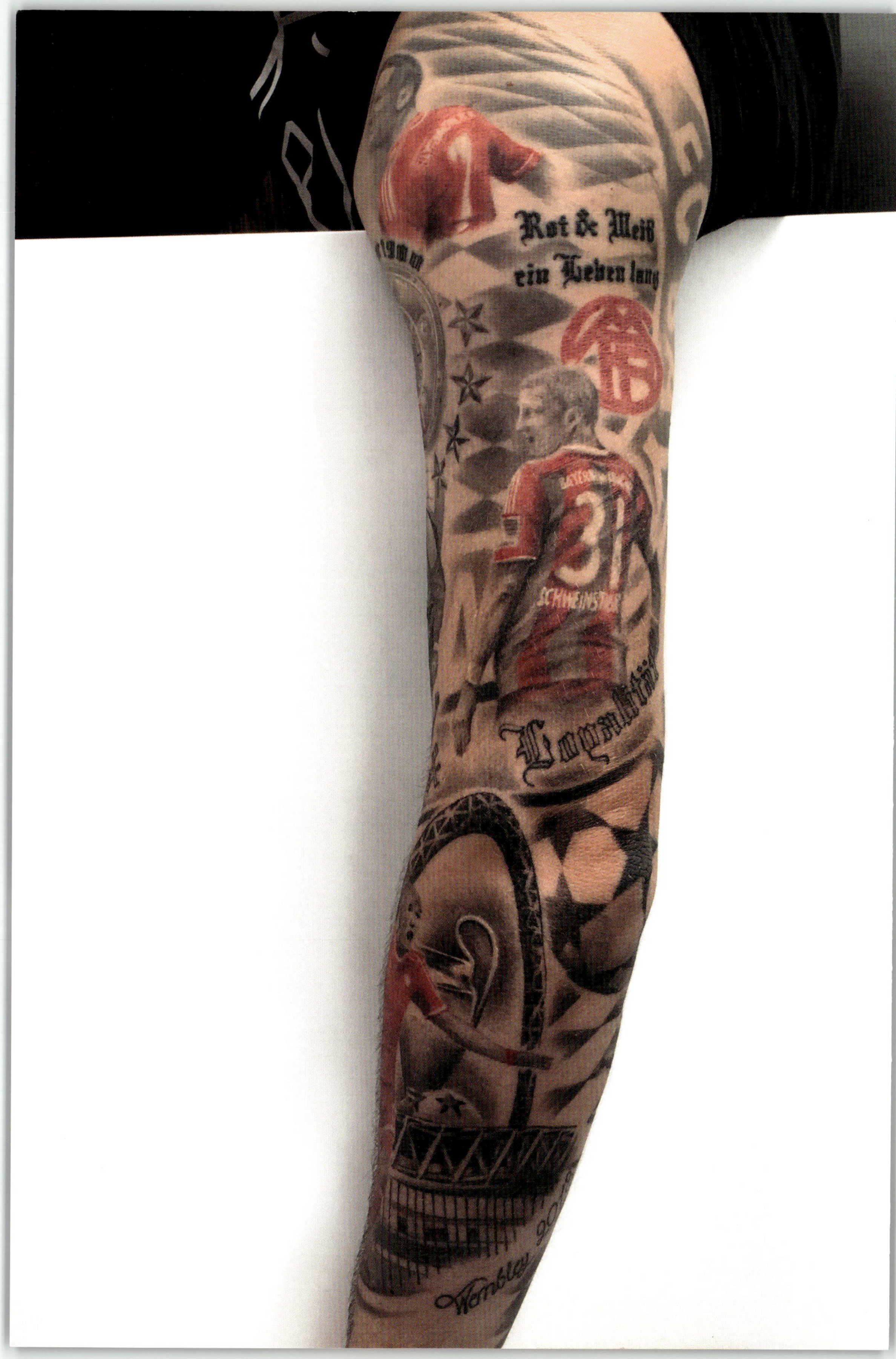
Rot & Weiß
ein Leben lang

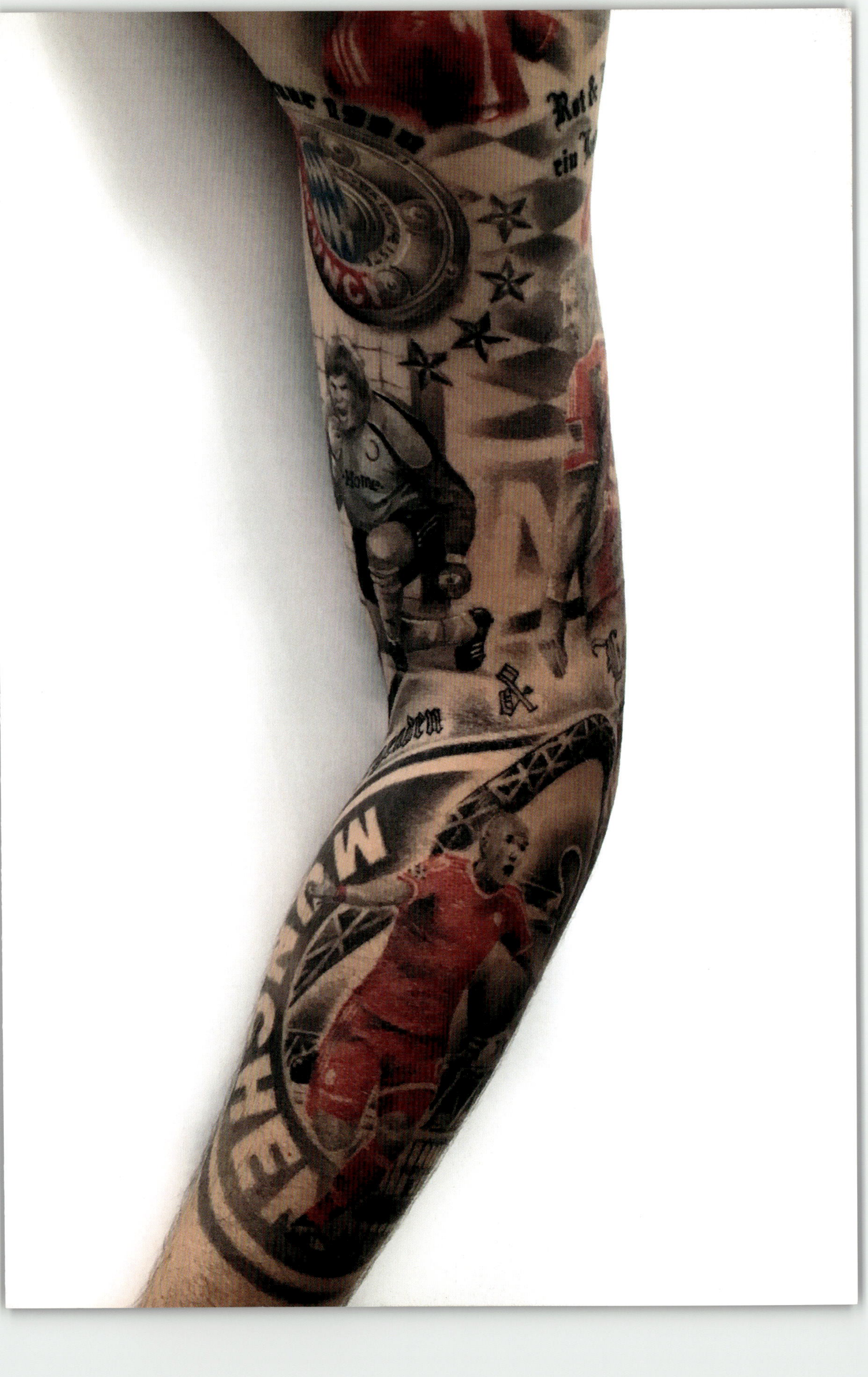

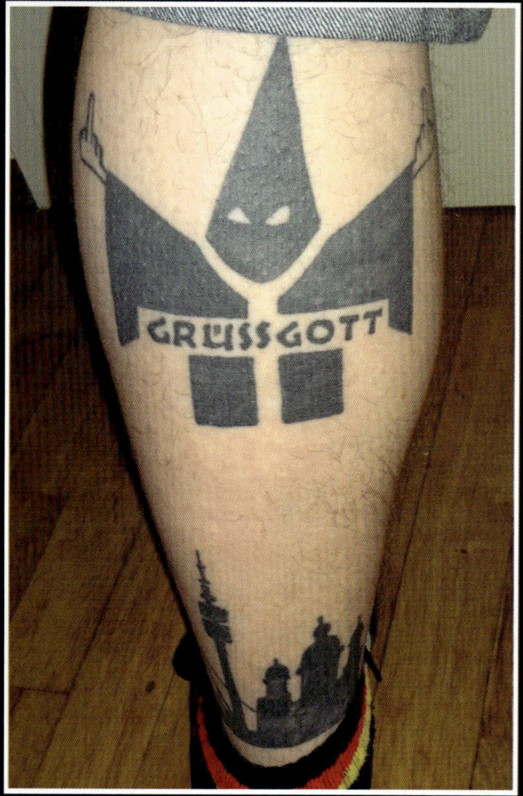
GRÜSSGOTT
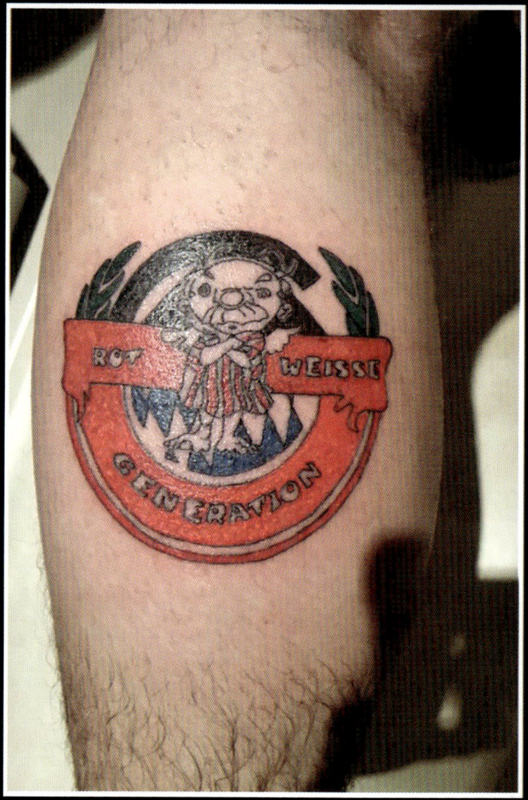
ROT WEISSE
GENERATION
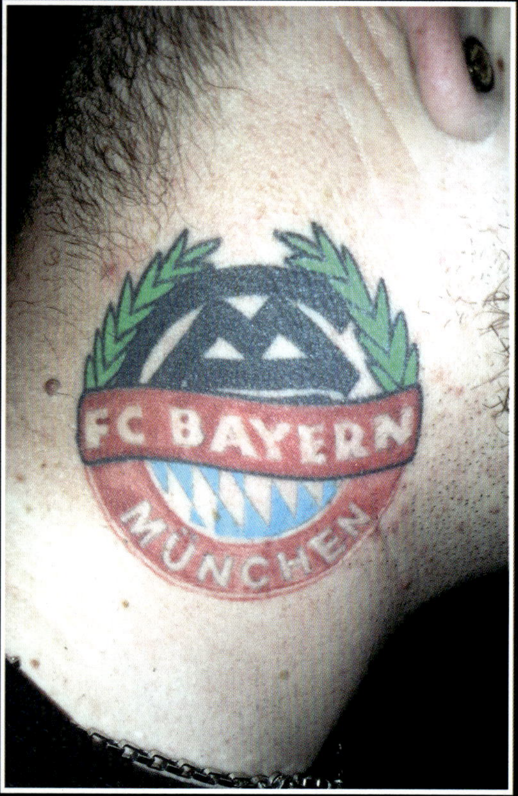
FC BAYERN
MÜNCHEN

mia san mia

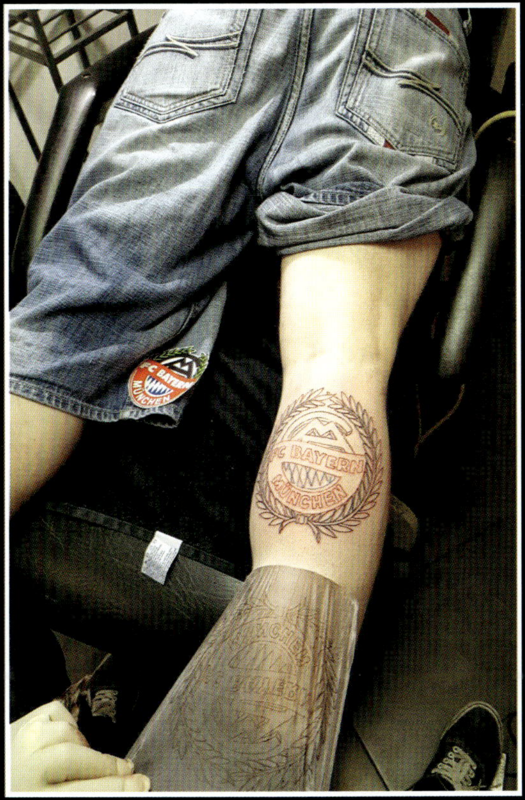

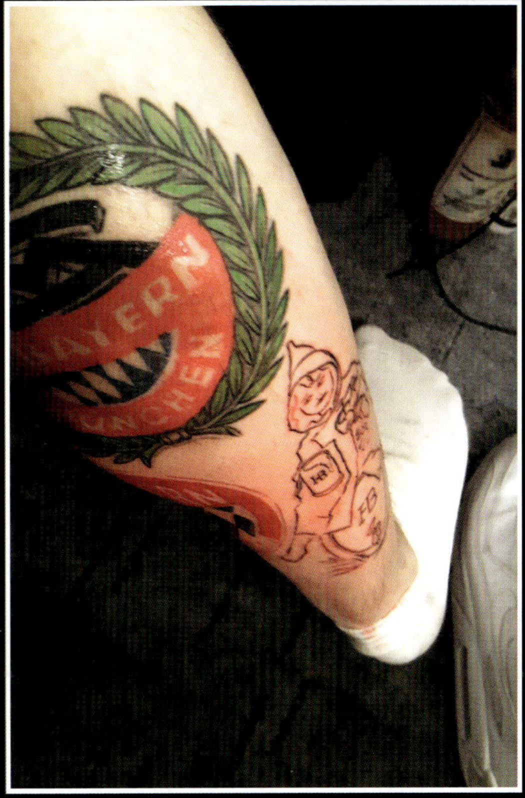
BAYERN
MÜNCHEN

BAYERN
MÜNCHEN

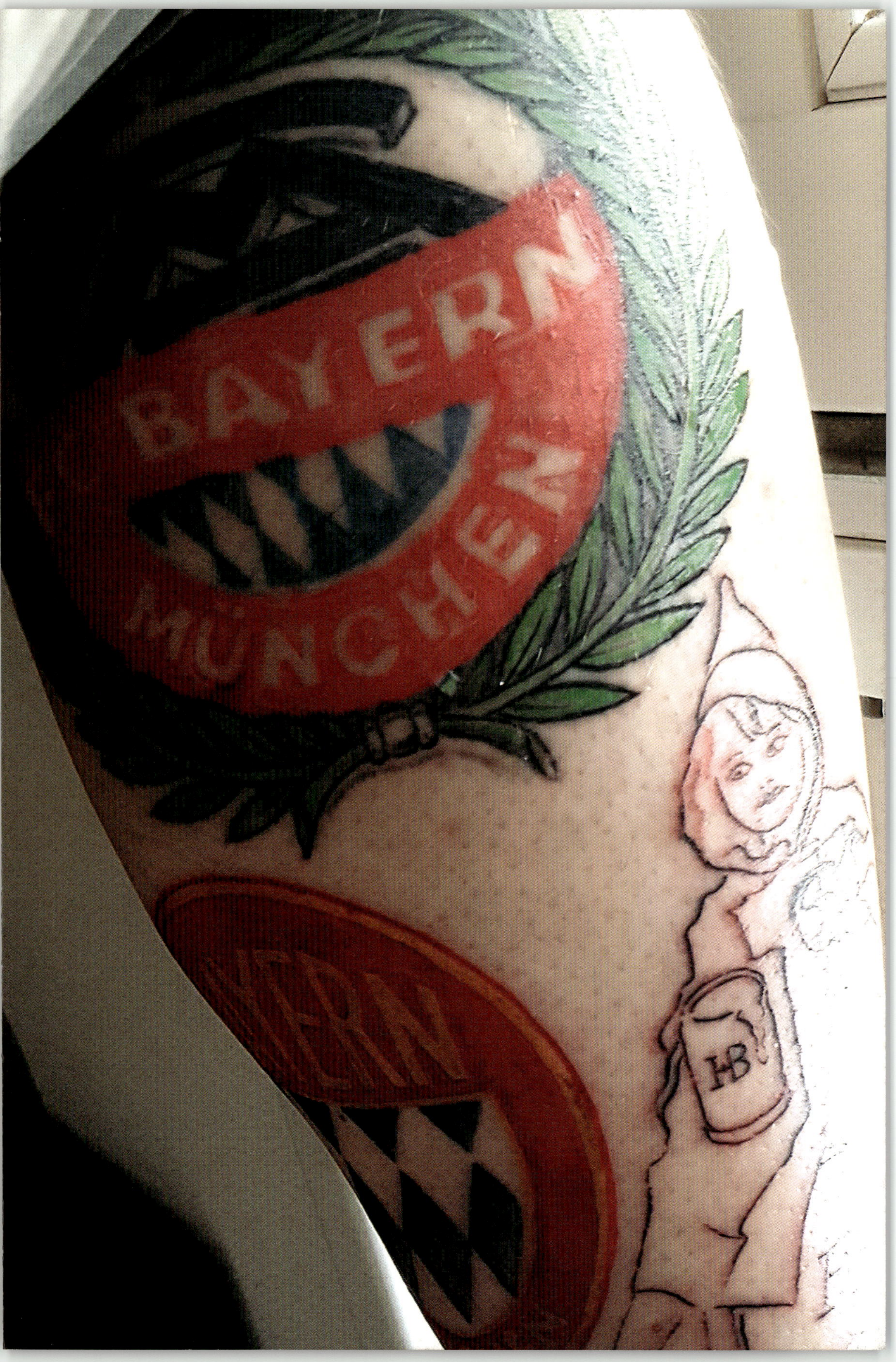
BAYERN
MÜNCHEN
HB

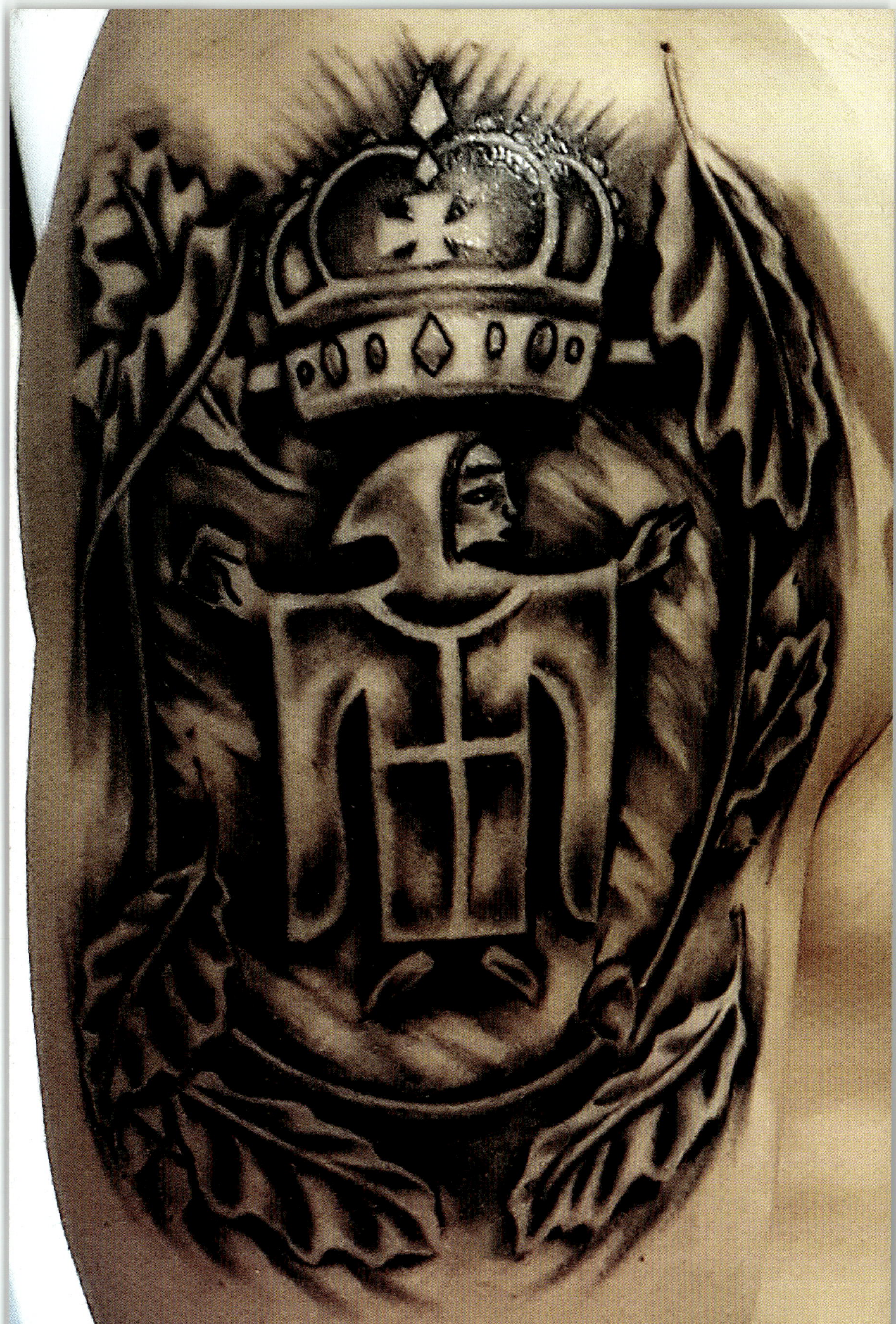

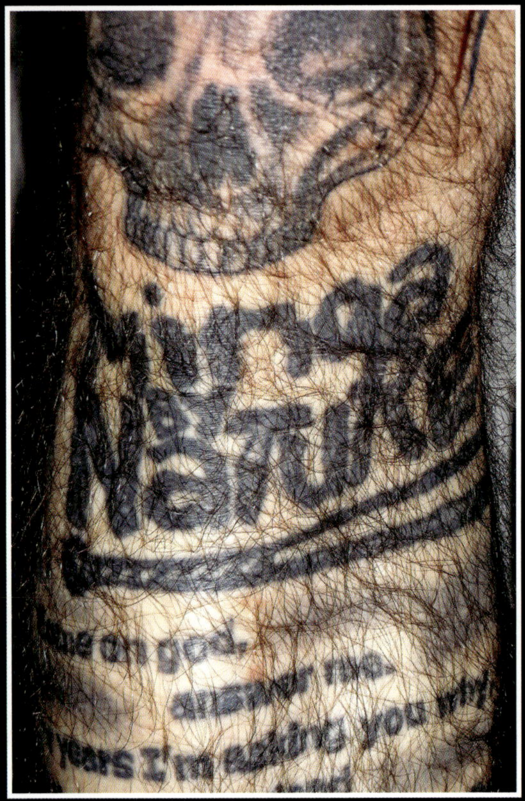
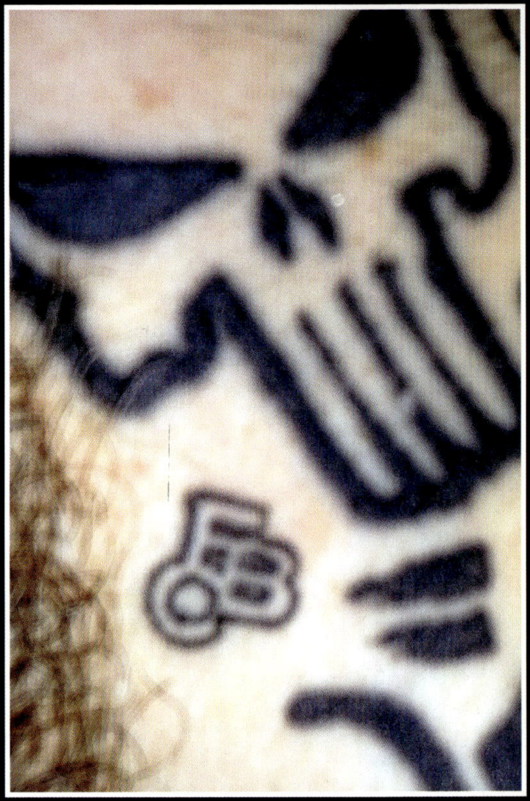
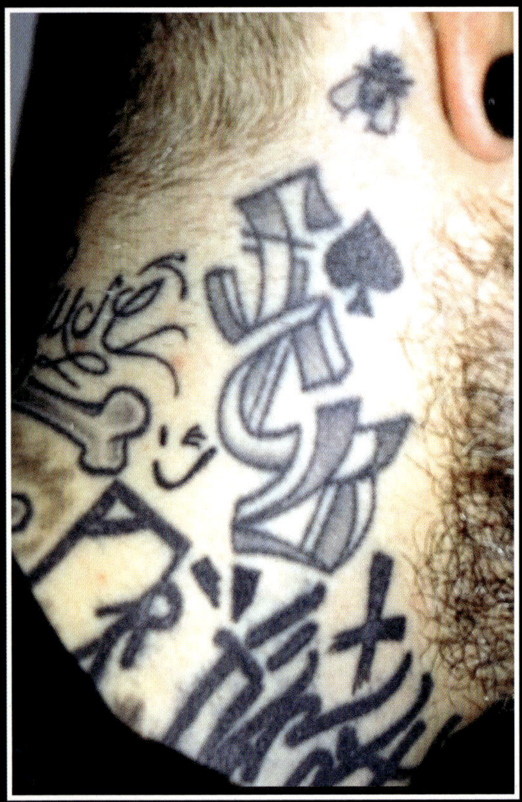
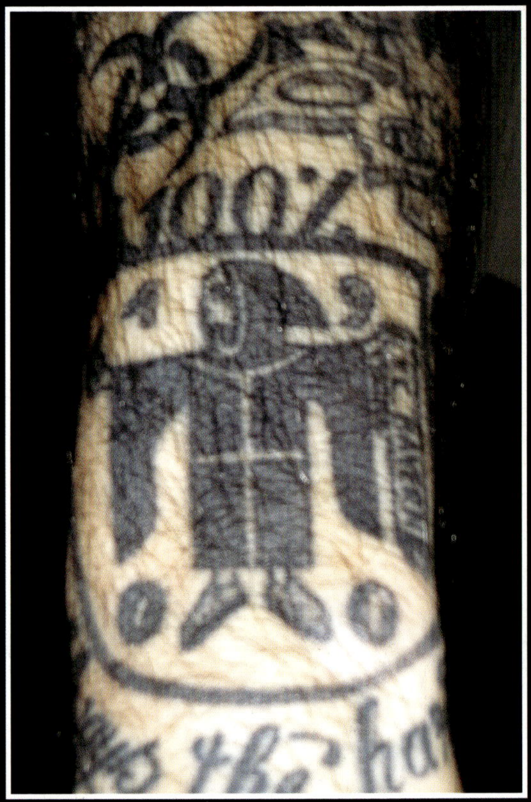

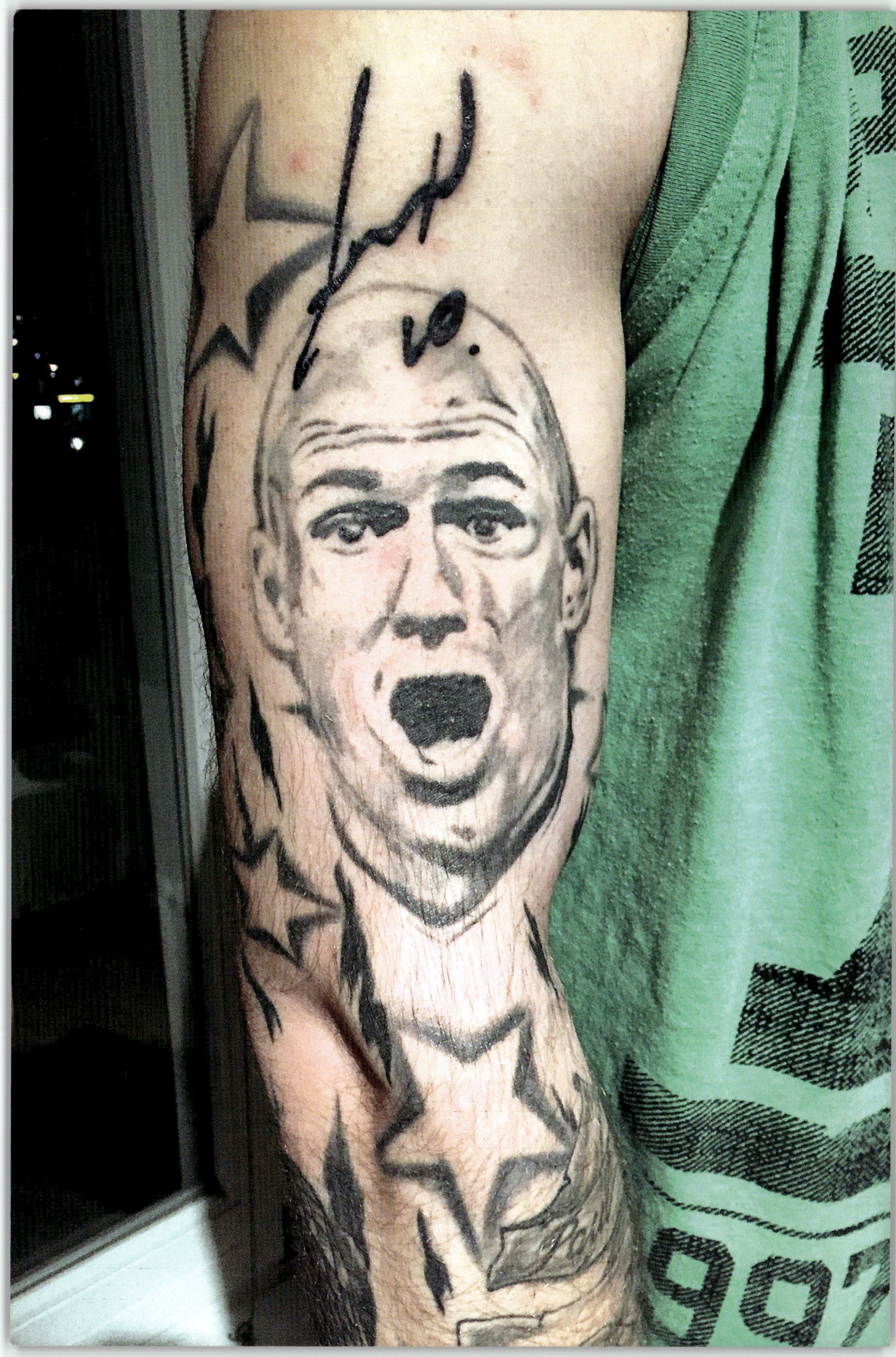

11

DANKE

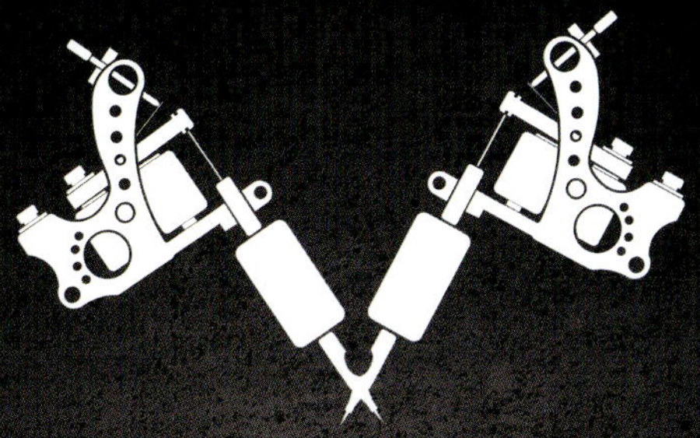

»GEBT MIR EIN D:« »D!«

»GEBT MIR EIN A:« »A!«

»GEBT MIR EIN N:« »N!«

»GEBT MIR EIN K:« »K!«

»GEBT MIR EIN E:« »E!«

Diese fette DANKE-Humba geht zuallererst an die Hauptdarsteller dieses Buches. An alle ROTEN, die sich ihre Liebe zum FCB in die Haut haben stechen lassen. Nicht alle wollten namentlich erwähnt werden – die meisten allerdings schon, egal ob mit richtigem Namen oder Pseudonym. Wir würdigen also mit stehenden Ovationen:

Arianne Fernandez, Antonia S., Christiane Schmitt, Melanie Ummenhofer, Yvonne Ribery Krause, Sabrina Merz, Natalie Wildfeuer, Mareike O., Karin Gauweiler, Hanna Buchner, Doreen Oerlecke, Cindy Koch, Uwe Kunsemüller, Floh (Red Kings/Red United), Arno Fischer, Olli P., Werner Stufferin (St. Georgen/Südtirol), Mani Schima, Michael Forster, Stefan Döhring, Jens Nalewaja, Armin Wolf, Markus Kümmerle, Stephan Meixner, Rainer Müller (Wahlstedt), Max Lechner, Sven Vogt, C. Hahn, Ronny Bildt, Marie-Chantal, Felix Kania, Schlafsackdieb, Sonja, Babsi, Gio, Fossy, CB-Basti, CB-Jürgen, Mase, Chieef, Börni, Kai, Fredi, Mike B., Sophie, heartmade tattoos, Michael Reithmeir, T.H., Mathias Gorzel, Hias'l, Augenzuckerl.de, Till Pertler, Thomas Kern, S. Fehring, Eddie, Wolfi Wi., S. Fischer, Markus Rath, Michael Harant, René Schenker, Uwe Malgadey, Wolfgang Köhler, Udo Läken (Emsland), BLAB, Tino Engeländer, Thomas Ahrens, Sven Jürgensen, de Zacherl, Pit, Pascal Schwärzler, Oliver Schlömp, Niels Fingerle, Michael Schäfer, Leusel aus Rawertz, Michael Hitzler, Matthias Hierl, Mathias Rödel, Sups 94, Marko Achilles, Florian Fecker, Joachim H., Joachim Kahns, Dominik Gerst, Frank Schumacher, Fabian Steffen, Andreas Duffner, Edmund Winter, Danny Schumann, Daniel Lindemeir, Bernd Wolfschmidt, Bernd Hübel (Fanclub Coswig), Bernd Hendrix, Bayarni (MP), Arno Mayer, Armin Eimerich, Alexander Dieck, Aldo Hellmich (HRO), Vossi (HRO), Paul Reinhold, Adolf Wallner, Lothar Becker (Kochel am See), Marcel Bohländer, Marcel Mahnke, Thomas Eckhardt, Johannes Klein, Chris (München-West), Timo Gräbner, Thimo Arnold (Prison of Art's), Thilo 1900, Stefan Holzner, Beda (Münchner Gsindl), Simon Nadler, Sebastian Brieger, Patrick Müller, Michl (RoWeGe), Markus Grichtmair, Markus Brenner, Klaus-Dieter (Daun), Schaudn, Florian Faisst,

Dani (Giengen), Peter Stromberg, Pascal, Schico, Mario Kastenmeier, Marco I. (Ludwigsburg), Andre Zechner, Andy W. (Hessen), Michi Steiner, Falk Jablonski, Benny (Big Bär), Jodl, Bobi, Scherer, Josef De Leon, Olliwer, Armin Eimerich, Hans Preisinger (Landau), Marco Oster, Matthias Hartle, Igor (Münchner), Benni, Enrico, Sebastian Dreyer, Stephan Ehrhardt, Thomas Oswald, Danny Bartenstein, Fabi, Stephanie Hartl, Vicky Fiedler, Constanze M., Simone Berger, Michaela Cechova, Karl Vathke, Frank (Rod) Radziej, Benjamin Herrmann, Sascha Koch, Thorsten Schönfeld, Karsten Hallfarth, R. Schultheis (Hessen), S. K., Ralf Feißt, Eud, Sascha Helm, Dominik Kirschbauer, Benny K. Hightec, Benny (Rheinfelden), Björn (Verden), Detlev Cox, Benjamin B., Flo (Unterfranken), Christian Teubner, Harry B., Lea W., Stefan G., Rebecca Wünsch, Norbert Schander, Sascha Beeg, Sebastian Frank (Sinsheim), Thomas K., Benjamin Wonka, Christian Krüger, M. Holl, Bufu, Tom Lübeck (Herman), Jaqueline, Alexander Eckert, Kai Burkhart, Norbert Zeller (raffas-tattoos.de), La Bestia Negra, M.L., Frank aus Essen.

Großen Applaus für den Support dieses Buches erhalten die Facebook-Gruppen *Fanpoint München – Rot und Weiß ein Leben lang* sowie der *Fanclub Südkurve ´73*.

Ein spezielles Dankeschön auch an alle Mitglieder von *Commando Bavaria, Inferno Bavaria, Red Angels, Club Nr. 12, Schickeria, TCM, SCM, alarMstufe rot, Bierstandszene, Munich Maniacs, Red United* sowie für ihre musikalische Unterstützung: *Scorefor, AB MC, T-Sm, Willy Astor, Tayfun 089*.

Der Autor bedankt sich sehr herzlich bei allen, die dieses Buch überhaupt ermöglicht haben (Falk Diehl, Martin Brinkmann, Oliver Schwarzkopf), sowie allen an diesem Projekt beteiligten Kollegen des Verlages.

In eigener Sache:
Für eventuelle überarbeitete Neuauflagen dieses Buches nehmen wir gerne weitere schöne Tattoos entgegen. Mailt ein Foto (erwünschte Größe: mind. 1 MB) an muenchen-rot@web.de Danach erhaltet ihr eine Einverständniserklärung zum Ausfüllen, die ihr einfach scannen oder abfotografieren könnt und an uns zurückschickt. Und schon seid ihr im kommenden Buch dabei!

Weiterhin online bleibt natürlich auch die Facebook-Seite »Münchens Wahre Liebe Tattoobuch«, auf der immer wieder neue Tattoos von Bayern-Fans gepostet werden.

Anmerkung zum Schriftzug A.C.A.B.:
Autor und Verlag sind sich der Problematik des Schriftzugs »A.C.A.B.« (steht in der Regel für die englischsprachige Parole »All Cops Are Bastards«) bewusst. In diesem Buch soll jedoch keine Subkultur - eine Ausnahme bilden rechtsradikale, rassistische und verfassungsfeindliche Symbole und Parolen und Schriftüge - ausgeschlossen werden. Das Bundesverfassungsgericht entschied im Juni 2016, dass die Parole »A.C.A.B.« als allgemeine Äußerung von der Meinungsfreiheit abgedeckt sei, da damit eine »allgemeine Ablehnung der Polizei und ein Abgrenzungsbedürfnis gegenüber der staatlichen Ordnungsmacht zum Ausdruck« gebracht würde und nur dann als Beleidigung einzustufen sei, sofern sie sich auf eine »hinreichend überschaubare und abgegrenzte Personengruppe« beziehe. Autor und Verlag distanzieren sich von Beleidigung, Diskriminierung und Gewalt im Fußball und im Allgemeinen.

»MARMOR, STEIN UND EISEN BRICHT, ABER UNSERE BAYERN NICHT!

ALLES, ALLES
GEHT VORBEI,
DOCH WIR
BLEIBEN TREU!«

Torge Kern (45), nicht tätowiert, kam als passivsportlicher Spätzünder erst mit 16 Jahren über den FC St. Pauli zum Fußball. Vom kampfbetonten Kicken bis heute überzeugt und fasziniert, lernte er über weitere Fan-Stationen FSV Frankfurt und SpVgg. Unterhaching auch irgendwann, das faszinierende Spiel der Bayern zu lieben. Kern ist Journalist und lebt in Hamburg und München.

Torge Kern
MILLIONEN NADELSTICHE FÜR MEINEN VEREIN
DAS BAYERN MÜNCHEN TATTOO BUCH

ISBN 978-3-86265-677-6
Vermittlung: Literaturagentur Brinkmann, München | Satz und Gestaltung: Anne Kurras | Grafik Tätowiermaschine: © olegphotor/fotolia.com | © der Bilder bei den jeweiligen Rechteinhabern. Autor und Verlag bedanken sich bei allen Fans und Fotografen, die Fotos zur Verfügung gestellt haben.

DER VERLAG
Schwarzkopf & Schwarzkopf Verlag GmbH
Kastanienallee 32, 10435 Berlin
Telefon: 030 – 44 33 63 00
Fax: 030 – 44 33 63 044

INTERNET | E-MAIL
www.schwarzkopf-schwarzkopf.de
www.facebook.com/schwarzkopfverlag
info@schwarzkopf-schwarzkopf.de